**Das Chanukkafest
und seine jüdischen Märchen**
Neu erzählt und in Reime gesetzt von
Theodor Nebl
liebevoll illustriert von Uta Ehlers

Das Chanukkafest
und seine jüdischen Märchen

nach Leo Pavlát **Jüdische Märchen**
Artia Verlag, Prag 1985, Czechoslovakai

neu erzählt und in Reime gesetzt von
Theodor Nebl

liebevoll illustriert von Uta Ehlers

113 Zeichnungen davon 47 farbig

Bibliografische Information der Deutschen Nationalbibliothek: Die Deutsche Nationalbibliothek verzeichnet diese Publikation in der Deutschen Nationalbibliografie; detaillierte bibliografische Daten sind im Internet über dnb.dnb.de abrufbar.

Impressum:
Copyright © 2025. Alle Urheber- und Nutzungs rechte verbleiben beim Autor. Abdruck, Vervielfältigung und Verwendung aller Bestandteile nur mit ausdrücklicher Genehmigung des Autors. Grafiken Uta Ehlers.
Texterfassung Karin Wendt. Grafik-Digitalisierung und Satz Berthold Wendt
Layout und Satz mit Papyrus Autor von R.O.M. Logicware GmbH.
Verlag: BoD · Books on Demand GmbH, Überseering 33, 22297 Hamburg, bod@bod.de
Druck: Libri Plureos GmbH, Friedensallee 273, 22763 Hamburg

ISBN: 978-3-7693-5240-5

Inhalt

Zur jüdischen Geschichte ...

Chanukka

Alle jüdischen Feste sind schön!
Man wünschte sich, dass die uralten Traditionen und Bräuche,
die feierlichen Gottesdienste in den Synagogen,
die gesungenen Lieder,
die Speisen, die man für diese Tage vorbereitet,
niemals vergessen werden und vergehen!

Es sind unvergessene Augenblicke
die die Kinder zu den jüdischen Festen erleben!
Mit ihren Eltern und in den Familien
sie nur nach Freude, Glück und Frieden streben!

Vor langen Zeiten wollte der König
Antiochus Epiphanes die Juden zwingen,
sich vom Glauben ihrer Väter loszusagen.
Doch das sollte ihm nicht gelingen!

Er ließ jeden Juden töten, der diesem Befehle widerstand.
Verzweiflung, Trauer und Ratlosigkeit
entstanden darauf im ganzen Land!
Auch ihr Heiligtum, der Tempel in Jerusalem, wurde entweiht!

So war es endlich an der Zeit,
sich dagegen zur Wehr zu setzen!
Der Hohepriester Mattatias Makkabäus
ermutigte sein Volk dazu.
Seine fünf Söhne gaben keine Ruh,
bis ein kleines Heer entstand,
welches in einer Schlacht Antiochus seiner Macht entwand!

Als der Sieg war errungen,
sind ihre Lieder und Gebete
zum Himmel hinauf gedrungen.
Sie den Tempel reinigten
und machten zur Wiedereinweihung bereit,
nachdem er von den vielen Götzenbildern ward befreit!

Alles war dazu vorbereitet,
die Chanukka, den neunarmigen Leuchter,
endlich wieder anzuzünden
und den Glauben neu zu begründen!
Olivenöl einer besonderen Art
wurde dafür extra aufgespart.
Doch nur ein kleines Restlein ließ sich finden.

Man zündete den Leuchter trotzdem an,
obwohl man sehr sicher war,
dass er nur einen Tag lang brennen kann.
Ausgehen aber, durfte er nicht,
dies war eine Glaubenspflicht!
Den einzigen Gott riefen sie darum an
und seine Hilfe man gewann.

Acht lange Tage hat danach das Licht gebrannt!
Bis die Priester, mit eigener Hand,
am achten Tage neues Öl hergestellt,
denn das Rezept war ihnen bekannt.
Mit Gottes Hilfe war ein Wunder geschehn!
Die Juden jedenfalls, hatten es so gesehn!

Zur steten Erinnerung an den Sieg der Makkabäer über Antiochus
und das Lichtwunder, welches man ehren muss,
feiern nun die Juden in jedem Jahre, Alt und Jung,
Chanukka das Lichterfest.
Das Fest, das Kinderherzen höherschlagen lässt!

Geschenke und ganz viel Näscherei
sind an diesem Tag dabei.
Doch das Lichteranzünden,
das den Kindern obliegt,
wohl einen besonderen Platz
in diesem Feste kriegt!

Am ersten Tag zünden sie
das allererste Lichtlein an.
Eines mehr an jedem nächsten Tage dann.
In vollem Glanz erstrahlt
der Chanukkaleuchter am achten Tag.
An den leuchtenden Kinderaugen
man das erkennen mag.

Chanukka beginnt zur Winterzeit.
Da gibt es die kürzesten Tage
und die längsten Nächte jahresweit.
Sie lädt zum Träumen, erzählen
und auch zum Lesen ein.
Legenden, Geschichten, Sagen
und Märchen sollen es sein!

Viele davon, die die Juden
über Generationen wieder und wieder
zum Chanukkafest erzählten,
sind meine Auserwählten!
Acht Themenkreise sollen es sein.
Genau so viele, wie die Lichterlein.

Ein jedes Licht, ein jeder Kreis,
erzählt Märchen aus einer anderen Zeit
und einem anderen Land,
in dem sich je ein Jude befand.
Jahrtausende lebten sie im Exil,
verstreut unter vielen Völkern der Erde.
Wir hoffen, dass ihnen Heimat und Frieden werde!

Erstes Licht

Von der Erschaffung der Welt
und den Urvätern Abraham und Moses

Der jüdische Kalender

Vor unendlichen Zeiten
schuf der Allmächtige viele Welten,
die er wieder zerstörte,
weil sie ihm keine Freude bereiten.

Schließlich aber kam er darauf:
Er hob seine rechte Hand und spannte den Himmel auf.
Dann streckte er seine linke Hand hinab,
erschuf die Erde und er ihr einen Platz im Weltraum gab.
So entstand unsere Welt,
die uns auch heute noch gefällt!

»Allmächtiger Gott«, seufzte die Erde dann,
»ich bin so weit entfernt von dir,
dass ich dich kaum noch sehen kann!
Der Himmel aber ist dir nah.
Warum das alles so geschah?«

Gott erwiderte: »Kein Unrecht soll dir geschehn!
Alles, was ich schuf, habe ich vorausgesehn.
Vorzüglich wirst versorgt du sein!
Bevölkern wird dich der Menschen Schar,
dann bist nie du mehr allein!
Tiere, Bäume, Pflanzen biete ich dir dar.

Düfte werden dich verwöhnen,
die Entfernung dir verschönen!
Blumen auf dir blühen, Früchte reifen.
Menschen und Tiere sich davon ernähren.
Bald schon wirst du es begreifen!
Alles das soll dir gehören!«

Ob die Erde sich damit wohl begnügen kann?
Gott wendete sich ab, fing eine neue Arbeit an.
Denn die Schöpfung war noch nicht beendet.
Dem Himmel zu, er sich nun wendet.

Er schuf die Sonne und den Mond.
Hat sich dabei wohl nicht geschont!
Kaum sind sie aufgegangen,
hat ihr Licht in der Welt zu scheinen angefangen.

Die Sonne und der Mond
haben am Anfang die gleiche Größe besessen.
Ihnen auch die identische Macht zu geben,
hatte Gott natürlich nicht vergessen!

So strahlten sie mit derselben Helligkeit
und wechselten sich am Firmament ab,
wohl stets zur rechten Zeit.
Indes – der Mond war unzufrieden.

Er wollte größer und mächtiger
als die Sonne sein!
Irgendwann fiel ihm das ein,
doch es war ihm nicht beschieden!

Also näherte er sich dem Thron des Ewigen und sprach:
»Es ist nicht gut, dass zwei Könige
am Himmelszelt nebeneinander regieren.
Einer muss sich dem anderen unterordnen,
so hast du die Welt eingerichtet,
darum muss es nun endlich passieren!«

Darüber grämte sich Gott gar sehr,
denn nichts als Ruhe und Frieden das wollte er!
Und nun wurde es ihm bekannt,
dass in seiner Welt, die er geschaffen,
kaum dass sie fertig war,
bereits der Neid entstand!

Gott sprach: »Wenn du so denkst Mond, dann will ich
einen ordentlichen Teil von dir
in Milliarden Sterne verwandeln,
die neben dir und um dich herum
am Himmel wandeln!

In ihrem Glanz sollst du verblassen.
Kannst du das auch nicht fassen.
Dein Wunsch, mehr Macht zu haben,
wird gegen dich entschieden.
Deinen Neid hätte ich sehr gerne vermieden!

Weil du neidest der Sonne ihr Licht,
sollst du es von nun an von ihr empfangen.
Es scheint dir ins Gesicht.
Und weil du wünschtest,
ich sollte dich erhöhen,
wirst du nun in der Sonne Schatten stehen!«

Und schon war es um den großen Mond geschehen.
Er schrumpfte zusammen.
Und aus der Masse, die er verlor,
sollten all die Sterne entstehen!

Da ist der Mond in Tränen ausgebrochen
und hat folgende Worte gesprochen:
»Herr der Welt verzeihe mir und erbarme dich!«
Gott erwiderte:

»Auch wenn die Worte, die ich zu dir sprach,
dir bereiteten Ungemach,
so kann ich sie doch nicht zurücknehmen!
Deiner Gier und deines Neides wegen,
solltest du dich für immer schämen!

Doch es sei dir Trost gegeben,
dass Myriaden von Sternen dich umgeben,
die aus Teilen von dir sind gemacht,
sodass, wenn du am Himmel stehst,
um dich herum der Sterne Licht wird angebracht!

Außerdem soll es von mir gegeben sein,
dass die Juden werden die Jahre und Tage
nach dir, dem Mond, berechnen ganz allein!
Es soll allen eine Lehre sein,
dies lege ich fest,
dass der Neid auch das hellste
Licht verblassen lässt!«

Seither begleiten die Sterne
den großen Mond in der Nacht.
Und der Juden Kalender
ist ganz allein nach dem Mond gemacht!

Nicht der Sonnenumlauf bestimmt ihr Jahr,
wie es bei vielen anderen Völkern Sitte war.
Für die Israeliten sind es die Mondphasen,
und nur sie ganz allein,
die die Jahre teilen ein.

Wenn des Mondes Sichel entsteht,
sprechen sie ein besonderes Gebet.
In diesem Augenblick
wird der Mond wohl
am glücklichsten sein,
denn als Vollmond stellt er sich bald schon ein!

Auf ihn die Erde keinen Schatten werfen kann!
In diesem Moment vergisst der Mond,
wohl seine uralte Sünde dann!

Abraham erkennt den Allmächtigen

Als Abraham, der Erzvater der Juden, ward geboren,
waren schon viele Jahre nach der Sintflut
auf der Erde vergangen.

Doch die Menschen waren nicht geworden,
ein kleines Quäntchen besser!
Nein, sie hatten ihren Schöpfer vergessen!
Götzen hatten sie statt seiner
anzubeten angefangen.
Auf einem schlechten Wege sind sie gegangen!

Als Kind hatte Abraham
mit seinem Vater Terach
in einer Felsengrotte gelebt,
weil Nimrod, der grausame König,
nach ihrem Leben gestrebt!

Kluge Seher hatten Nimrod prophezeit,
vor noch nicht so langer Zeit,
dass sein Volk einst im Volke der Juden aufgehen werde!
Das bereitete dem König Beschwerde!
So beschloss er dann,
dass er dieser Wahrsagung
nur durch die Tötung der neugeborenen
jüdischen Knaben entgehen kann!

So hatte Abraham jahrelang
kein Tageslicht gesehen.
Als er erstmals die Sonne sah,
blieb er staunend stehen.

Er rief: »Wer dieses Licht verbreiten kann,
regiert die Welt schon heute, nicht erst irgendwann!«
Er kniete nieder und beugte sein Haupt,
weil er den Allerhöchsten zu sehen glaubt!

Am Abend jedoch ist die Sonne untergegangen.
Der Mond hat zu leuchten angefangen.
Da meinte Abraham: »Ich habe mich geirrt!
Dieses Licht ist zwar kleiner
und schwächer als das der Sonne,
aber es von Myriaden leuchtender Diener begleitet wird!«

So hob er seine Arme gen Himmel
und pries den herrlichen Mond.
Als dieser dann am Morgen verschwand
und das Sonnenlicht erneut erglühte am Erdenrand,
begriff er, dass ein steter Wechsel
zwischen Sonne und Mond stattfand!

Und so kam er zu dem Schluss,
dass dieser Wechsel nach dem Willen eines Unsichtbaren,
der stärker ist als Sonne und Mond,
wohl stattfinden muss!

Sein Antlitz war zwar nicht zu sehen,
doch dass er ein erhabener,
starker Herrscher sein muss,
dem alles Untertan ist,
war für ihn leicht zu verstehen!

So hatte Abraham den einzigen,
wahren Gott für sich erkannt.
Das behielt er in seinen Gedanken,
hat es dem Vater nicht benannt!

Denn Terach betete Götzenbilder an,
brachte ihnen Opfer gar,
was Abraham unverständlich war!
Der Vater hat die Götzenbilder
aus Ton selbst hergestellt.
Als lebte er in einer falschen Welt!

Weil der Vater ein geschickter Handwerker war,
kauften die Menschen seine Götzenbilder gar!
Terach war sich sicher, ganz allein,
sein Sohn würde dieses Handwerk erlernen
und er sollte sein Nachfolger sein!

Gott hatte aber einen
anderen Beschluss gefasst!
Und dieser damit begann,
dass Terach verreisen musst'
und er vertraute Abraham
sein Haus und seine Ware an.

Kaum war der Vater fortgegangen,
klopfte schon ein Käufer an die Tür.
Abraham hat mit ihm ein Gespräch angefangen:
»Womit kann ich dir dienstbar sein?«
»Meine Frau hat mich zu dir geschickt,
um zu kaufen einen Götzen ein!«

Da fragte Abraham: »Sage mir wie alt du bist!«
Der Kunde antwortete:
»Ich bin sechzig Jahre alt, dessen bin ich ganz gewiss!«

»Sage mir, wie kann es sein dann,
dass man einen Götzen
in seinem Hause verehren kann,
der erst einen Tag alt ist?«

Das war Abrahams Antwort,
aber natürlich keine List!
Da schämte sich der Mann
und ging bedröppelt heim.

Etwas Besseres fiel ihm nicht ein!
Dieser Logik konnte er sich nicht entziehn.
Es war, als würde er, unverrichteter Dinge,
vor den Götzen fliehn!

Am nächsten Tag kam eine Frau in Abrahams Laden.
Eine Schüssel mit Mehl hat sie in ihrer Hand getragen.
Sie sprach: »Nimm diese Schüssel mit Mehl nun an,
damit man es den Götzen opfern kann!«

Abraham rief: »Wie dumm musst du denn sein?«
Etwas Besseres fiel ihm nicht ein.
Er ergriff ein Beil und zertrümmerte im Zorn
über die menschliche Dummheit,
die tönernen Götzenbilder.
Er schlug auf sie von hinten und von vorn!

Nur das größte Götzenbild hat er verschont,
das an höchster Stelle in der Werkstatt thront.
Das Beil, mit dem er alle anderen gefällt,
steckte er diesem Götzen in die Hand.
Warum er das wohl richtig fand?
Die Schüssel mit dem Mehl hat er
an dessen Füßen abgestellt.

Als Terach von seiner Reise kam,
und die Verwüstung sah,
verlangte er Aufklärung darüber,
was in seiner Abwesenheit geschah.

Abraham sagte: »Sei nicht böse, Vater.
Kaum warst du aus dem Haus,
da ist mir ein seltsam Ding widerfahren,
wie ich keines je erlebt in all meinen Lebensjahren!

Eine Frau brachte eine Schüssel voll mit Mehl herbei
und sagte, dass das den Götzen zu opfern sei!
Kaum hatten diese das Mehl erblickt,
begannen sie zu streiten, wie verrückt!

Ein jeder wollte als Erster essen.
Da schrie der größte: Das könnt ihr vergessen!
Er ergriff das Beil und begann,
alle anderen zu zertrümmern dann!
Das Mehl aber hat er nicht verzehrt.
Wenn du es zu essen wünscht, Vater,
will ich ihn fragen, ob er es dir gewährt«

Kaum hatte der Vater diese Rede vernommen,
schrie er: »Wie bist du auf dieses Geschwätz gekommen?
Wie können Figuren aus Ton,
die ich mit meinen Händen gemacht,
Hunger verspüren, Worte sagen
und am End' sich selbst zerschlagen?
Was hast du dir dabei gedacht?«

»Siehst du Vater«, lachte Abraham,
»nun bist du selbst darauf gekommen.
Deine Götzen haben Augen aber sie sehen nicht!
Sie haben Ohren, aber sie hören nicht!

Sie haben Nasen, aber sie riechen nicht!
Sie haben Münder im Gesicht,
aber sprechen und essen können sie nicht!
Sie haben Füße, aber sie können nicht gehen!
Meinst du, dass sie diejenigen,
die sie anbeten, auch verstehen?

Sie werden von Menschenhand gemacht
und jede Menschenhand kann sie zerschlagen!
Hilfe leisten können sie uns Menschen nicht!
Wer sie anbetet, mit ihnen spricht,
der erduldet einst des Allmächtigen Gericht!«

Da schrie Terach, weil er keine Erwiderung fand.
Abraham jedoch war frohen Mutes
und verbarg nie mehr, dass er den einzigen Gott erkannt!

Moses Errettung

Vor langer, langer Zeit ist es gewesen,
da gab es noch wenige Juden auf der Welt.
Als wären sie alle auserlesen.
Ein jeder hat die anderen gekannt
und sie mit ihren Namen auch benannt.

Abraham und seine Frau Sarah hatten einen Sohn.
Das war der dritte in der Folge schon.
Isaak war sein Name.
Wie eine Fügung war es, dass sie darauf kamen.

Isaak nahm Rebekka zur Frau.
Ihr Sohn hieß Jakob, ich weiß es genau.
Auch Jakobs Nachkommen erblickten das Licht der Welt.
So entstanden die zwölf Stämme Israels,
auch wenn es ihren Feinden nicht gefällt!

Irgendwann konnte man sie zu Tausenden zählen.
Die Kinder Israels lebten und waren nicht schwach
und dass schon lange nicht mehr unter einem einzigen Dach.
Als ihre Unterkünfte mochten sie Zelte wählen.

Ein eigenes Land haben sie nicht besessen.
Doch den Traum davon nie vergessen.
Sie siedelten sich darum in Ägypten an.
Dort regierte ein mächtiger Pharao,
der das Judenvolk nicht leiden kann!

26

Zu Frondiensten setzte er die Israeliten ein.
Das war hinterhältig und gemein!
Ihre Zahl sollte sich nicht mehren.
Dagegen mochte sich der Pharao wehren.
So beschloss er die neugeborenen
jüdischen Knaben im Nil zu ertränken!
Eine schlimmere Tat konnte er nicht erdenken!

Gott erkannte, wie sehr sein auserwähltes Volk
unter der Knechtschaft der Ägypter hat gelitten.
In ihren Gebeten mochten sie den Herrgott
immer und immer wieder um seine Hilfe bitten!

So beschloss Gott, ihnen einen Retter zu senden,
Moses war sein Name, der ihr Schicksal sollte wenden!

»Welch schöner Knabe!«, rief seine Mutter aus,
als er gerade war geboren.
»Ach, könnte er doch unser Retter sein!«,
hat der Vater das Kind beschworen.

Da sahen sich die Eltern traurig an,
weil ja kein neugeborener jüdischer Knabe,
auf Befehl des Pharaos, am Leben bleiben kann!

Die betrübten Eltern
überlegten hin und her,
wie wohl ihr Knäblein
vor dem Tode zu erretten wär.

Sie ertränkten ihr Kind nicht, wie befohlen, im Nil!
Doch sie haben es dem Flusse übergeben.
In einem mit Pech abgedichteten Schilfkörbchen,
das sie in das Flusswasser legten,
würde der Knabe, wenn er Glück hatte, überleben!

Das Körbchen ist mit dem Kind
stromabwärts geschwommen.
Als es sich endlich im Schilfe verfing,
hatte seine Errettung begonnen!

Batja, die Tochter des Pharaos,
ging mit ihren Dienerinnen
am Flusse entlang spazieren.
Da sah sie das Schiffchen, das kleine Ding,
welches den lebenden Knaben umfing
und wollte es gleich berühren!

Sofort eilte sie in das Schilf hinein,
um das Körbchen herauszuziehen.
Doch das Wasser stand ihr schon höher,
als an ihren entblößten Knien.

Tiefer konnte sie nicht in das Wasser gehen
und das war wohl auch zu verstehn.
Für ihren ausgestreckten Arm war die Entfernung zu groß.
Sie grübelte: *Was mache ich bloß?*

Der Erzengel Gabriel hat dabei zugesehn
und er begriff, ein Wunder muss geschehn!
So machte er Batjas Arme lang.
Darum Moses Errettung endlich gelang!

Kaum war das Körbchen mit dem Kind gerettet,
ist ein zweites Wunder geschehn! Darauf hätte niemand gewettet!
Die Prinzessin litt schon lange Zeit
an einem hässlichen Ausschlag im Gesicht.
Kein Arzt ihr eine Heilung verspricht!

Als sie das Kind nahm in den Arm,
mit großer Liebe und mit Charme,
ward sie alsbald von der Krätze befreit.
Ihr böser Ausschlag musste vergehn!

Glücklich schloss Batja das Kind in ihre Arme ein,
und ging auf direktem Wege in den Palast hinein.

Als der Pharao, ihr Vater, ihr Gesicht ansah,
begriff er, dass an seiner Tochter ein Wunder geschah!
Darum durfte das Kindlein bei ihr bleiben.
Ihr großes Glück und ihre Freude waren nicht zu beschreiben!

Das sollte Moses Rettung sein!
Doch dies natürlich nicht allein!
Batja umsorgte ihn,
als könnte es ihr eigenes Kind gewesen sein.

Bald liebte der ganze Hof das aufgeweckte Kind.
Sogar der Pharao pflegte es auf seinen Knien zu schaukeln,
so wie nun mal liebende Großväter sind!

Eines Tages, Moses mochte etwa
drei Jahre alt gewesen sein,
da spielte er auf Batjas Schoß.
Wohl schoss ihm ein Interesse ein,
nach des Pharaos Krone, und das war groß!
Nicht lange hat das Kind überlegt.
Es riss die Krone von des Pharaos Kopf
und hat sie auf den seinen gelegt!

Der Pharao wurde blass sofort
und erinnerte sich an eine Prophezeiung,
die ihm einst verkündet wurde,
genau an diesem Ort!

Sie lautete: »Wer dereinst nach deiner Krone greift,
sehr bald schon, die Macht über ganz Ägypten erreicht!«

Sogleich rief der verängstigte Pharao all seine Ratgeber ein.
Um die Deutung dieses Ereignisses sollten sie gebeten sein!
»War es nur ein Spiel allein,
oder sollte es eine Vorahnung sein?«

Die Mehrzahl der Ratgeber war sich gewiss,
dass, um die Macht des Herrschers zu schützen,
das Kind sofort zu töten ist.
Nur ein einziger sprach dagegen
und das war durchaus verwegen:

»Großer Pharao!«, sagte er,
»dieses Ereignis zu bewerten,
das fällt mir gewiss nicht schwer!
Man hole nun das Kindlein her.
Lege es zwischen glühende Kohlen
und funkelnde Edelsteine.

Greift es nach den Steinen,
so greift es einst nach der Macht, das will ich meinen.
Fasst es aber nach der Glut,
dann ist es das, was jedes Kindlein tut.

Das bedeutet, dann besteht keine Gefahr!
Die Macht bleibt, wie bisher,
in deinen starken Händen,
in denen sie schon viele Jahre war!«

Dieser Rat gefiel dem Pharao!
Deshalb machten sie es genau so.
Die Diener brachten Edelsteine
und glühende Kohlen herbei.
Moses dazwischen gelegt worden sei!

Sein Händchen griff fast schon
nach einem glitzernden Edelstein.
Doch bevor das geschah,
griff erneut der Erzengel Gabriel ein.

Er lenkte die Hand zu den glühenden Kohlen hin.
Moses zu schützen, das war sein Sinn.
Das Kind griff in die Glut,
was wohl gar nicht gut ihm tut!

Er hat sich den verbrannten Finger
in seinen Mund gesteckt.
Ein wenig Glut war noch daran,
an der er mit der Zunge leckt!

So hat er auch diese sich verbrannt,
was später seinen Niederschlag in seiner Art zu sprechen, fand!
Ein leichtes Lispeln begleitete ihn,
wohin auch immer er mochte ziehn!

Aber was viel wichtiger war
und durch Gottes Hilfe geschah,
war seine zweite Errettung vor dem Tod.
Darum kam er nicht in diese Not!
Ein zweites Mal ward er errettet!
Obwohl niemand darauf hätte gewettet!

Moses Stab

Seit dem Tag, an dem Batja, die Tochter des Pharaos,
Moses in dem Körbchen im Schilfe des Nils fand
und ihn rettete, mit eigener Hand,
gingen viele Jahre ins Land.

Moses wuchs zu einem stattlichen,
gut aussehenden Jüngling heran,
dies man wohl berichten kann.
Er wusste, dass er ein Jude war,
obwohl er das Gewand eines
ägyptischen Höflings trug, fürwahr.

Täglich konnte er die Knechtschaft sehn,
in der die Ägypter mit seinem Volk umgehn.
Auch die Trauer jüdischer Mütter
war ihm bekannt,
denen man ihre neugeborenen Söhne
wieder und wieder entwand.

Sie zu töten hatte der Pharao befohlen!
Mit Gewalt ließ er die Kinder
aus den Zelten und Hütten holen!
Denn er hatte bei sich gedacht:
Wird die Zahl der Juden einst,
größer als die der Ägypter sein,
dann kämen die Juden an die Macht!

Einst ward Moses auf seinem Weg
durch Schmerzensschreie erschreckt.
Das hatte ihn aus seinen Gedanken erweckt.
So sah er, dass ein ägyptischer Soldat
einen jüdischen Arbeiter züchtigte im Zorn.
Er schlug ihn von hinten und von vorn!

Moses packte die Wut
und was aus Wut man tut, ist selten gut!
Er stürzte sich auf den Aufseher
und hat ihn erschlagen.
Er konnte das nicht rückgängig machen!
Nein, er musste diese Sünde ertragen!

In den Palast zurückzukehren,
nach dieser schrecklichen Tat,
er sogleich verworfen hat.
Die Todesstrafe träfe ihn,
darum musste er entfliehn!
All dies kam ihm in den Sinn.

Vier Tage irrte er in den Bergen umher.
Verbarg sich in Felsenhöhlen,
der Weg fiel ihm schwer.
Bis er endlich bei dem Priester
Jithro Zuflucht fand.
Der ihm schon einmal half,
reichte ihm wieder seine Hand.

Jithro konnte aus den Sternen lesen.
Er verstand es, die Geheimnisse der Natur zu deuten!
Konnte aus den Gedanken der Menschen
leicht erkennen ihr Wesen!

Jithro war ein weiser Mann.
Dies auch der Pharao begriff irgendwann.
Viele Jahre stand er in des Herrschers Sold.
Und als er nach langer Zeit
wieder heim, zu seinen Lieben gehen wollt',
war auch der Pharao dazu bereit.
Er ließ ihn gehen, hatte es ihn auch nicht erfreut!

Der Pharao fragte ihn:
»Welchen Lohn für deine Dienste möchtest du haben?
Sollst dich nicht über meinen Geiz beklagen!«
Jithro antwortete:

»Es ist ein langer Weg von hier!
So gib dann bitte den Wanderstab mir,
der schon lange in einer Kammer gelegen,
damit ich mich auf ihn stützen kann
und er mir forthilft auf meinen Wegen!«

Der Pharao hatte an Gold
oder Edelsteine gedacht
und war froh, dass er mit dem alten Knüppel
seinen treuen Diener, ohne Aufwand, glücklich macht!

Das Geheimnis des Stabes war Jithro natürlich bekannt.
Der Pharao aber wusste nichts davon,
sonst gäbe er ihn gewiss nicht aus seiner Hand.

Der Stab ward nämlich aus dem Holze
des Baumes der Erkenntnis gemacht,
der einst im Paradies gewachsen war.
Eva hatte von diesem Baume den Apfel gepflückt
und wegen dieses Verstoßes wurden sie und Adam,
gemeinsam aus dem Paradiese geschickt!

Als Adam damals aus dem Paradies
ward vom Schöpfer verstoßen,
gab dieser ihm den Wanderstab,
um ihn in seinem Kummer zu trösten, dem großen!

Der Wanderstab hat Wunderkräfte besessen.
Über Jahrhunderte hatte man das vergessen!
Die Müdigkeit zu vertreiben,
wurde durch den Stab erreicht.
Auch schwere Arbeit fiel dem Besitzer
des Stabes furchtbar leicht!

Von Adam erbte Noah den Stab,
der ihm die Ausdauer und die Kraft
zum Erbauen der Arche gab.
So war es ihm möglich, die Sintflut
mit seiner Familie und allen Tieren,
nach einer langen Fahrt, zu überstehn!

Von Noah konnte der Stab auf Abraham übergehn!
Dieser wird der Stammvater der Juden genannt.

Sein Sohn Isaak bekam ihn aus seines Vaters Hand.
Danach erhielt ihn dessen Nachkomme Jakob,
so steht es geschrieben, so ist es bekannt.

Jakobs Sohn Joseph verhalf der Wanderstab
zu Einfluss und großer Macht.
Dies hat ihm die Stelle des Verwalters
des ägyptischen Reiches eingebracht.

Mit Hilfe des Stabes verbrachte Joseph Wunder aller Art.
Dies war mit Glück und Freude
sowie großem Wohlstand für Ägypten gepaart.

Als Josephs Leben war zu Ende gegangen,
ließ sich der Pharao den Stab bringen,
doch er wusste nichts damit anzufangen!
Als der Herrscher ihn hielt in seiner Hand,
die Zaubermacht des Wunderstabes
wohl sofort ihr Ende fand.

Danach geriet der Stab für lange Zeit
in eine kaum zu glaubende Vergessenheit!
Jithro hatte all das geahnt, gewusst,
und er ihn deshalb als seinen Lohn
erbeten oder einzufordern gewusst!

Kaum war er zu Hause angekommen,
tat Jithro das, was er sich auf seinem Wege hatte vorgenommen.
Er begann im Hofe eine Grube zu graben, steckte den Stab hinein,
und was soll ich euch sagen, ein Wunder geschah!
Der heilige Mann es sogleich sah:

Der Stab schlug plötzlich tiefe Wurzeln aus.
Jithro pflanzte ihn ein, nahe bei seinem Haus.
Doch kein Zweiglein wuchs heraus,
und keine Blüten waren daran!

Darum meinte Jithro, dass er den Stab wohl
umsetzen muss und kann!
Aber so sehr er sich auch mühte
und sich in diese Arbeit hineinkniete,
gelang es ihm nicht, ihn herauszuziehn! So ließe er es dann sein.
So glaubte er an einen tieferen Sinn!

Im ganzen Lande sprach man
von Jithros wunderschönem Töchterlein.
Man nannte sie nur Zippora – das Vögelein!

Kein einziger Tag verging,
ohne dass Brautwerber erschienen.
Sie machten alle, ob jung, ob alt,
hoffnungsvolle Mienen.
Sie boten Reichtum und Macht.

Doch alle hat Zippora in des Vaters Garten gebracht,
wo der Stab aus dem Holze
des Baumes der Erkenntnis in der Erde steckt.
Dass ein jeder dort eine Aufgabe
lösen muss, hat sie ihnen entdeckt:
»Nur der, der den Stab herausziehen kann,
den nehme ich zu meinem Ehemann!«

Zippora war nicht nur schön,
sondern auch belesen und klug!
So ahnte sie, dass nur der
den Stab aus der Erde ziehen kann,
den Gott für sie auswählte, als ihren Mann!

Nachdem Moses in Jithros Haus
aufgenommen worden war,
machte er sich nützlich,
an jedem Tag, in jedem Jahr.
Er trieb die Schafe auf die Weide
und tat es mit großer Freude.

Moses sah wohl, wie schön Zippora war.
Er liebte ihr Antlitz sehr,
ihren leichten Gang und ihr Lachen gar.
Doch ihren Fleiß und ihr freundliches Wesen noch viel mehr!
Innig wünschte er sich sehr,
das Zippora seine Frau wohl wär!

Doch er scheute sich, den Wunderstab zu berühren,
denn er hatte gesehen, wie erfolglos
die stärksten Männer des Landes,
diese Unmöglichkeit verspüren!

So dachte er nur an das schöne Kind,
ohne zu ahnen, dass sie ihn auch ganz liebreizend find'!
Immer häufiger suchte sie seine Nähe.

Aber dabei hat sie sorgenvoll daran gedacht,
dass doch irgendein Bewerber es vielleicht alsbald vollbracht,
den Stab nun endlich herauszuziehn.
Denn irgendwie wollte sie Moses, und nur ihn!

Frühmorgens trieb Moses die Schafe auf die Weide hinaus
und in der Abenddämmerung
kehrte er mit der Herde zurück nach Haus.

Eines Tages, als er mit den Schafen auf der Weide war allein,
fiel ihm die unerreichbare Zippora ein.
Auch sein unglückliches Volk
und all die unüberwindlichen Schranken,
waren nun in seinen Gedanken.

Gequält ist er in Tränen ausgebrochen!
Da hat von hoch aus dem Himmel
eine Stimme zu ihm gesprochen:
»Moses, gräme dich nicht!«
Es war der Herr, der zu ihm spricht.

»Traue dich in Jithros Garten zu gehen.
Niemand konnte den Stab herausziehen!
Doch dir wird es gelingen, es wird geschehn!
Nimm den Stab in deine Hand,
damit durch seine Hilfe, das Volk Israel seine Rettung fand!«

Moses tat, wie Gott ihm geheißen!
Schon mittags hat er die Herde heimgebracht.
Zippora war froh, ihn zu sehen. Sie hat glücklich gelacht!
Jithro hat staunend den Mund aufgemacht!

Beide sahen Moses in den Garten gehen.
An dem Stabe blieb er stehen.
Er erblickte die Buchstaben, die in ihn hineingeritzt waren.
Sie den Namen Gottes ergaben.
Moses sprach sie aus
und zog den Stab aus der Erde heraus!

Moses hob den Stab über sein Haupt.
An dieses Wunder hätte er nie geglaubt!
Zippora, der Freude voll,
wusste nicht, ob sie weinen oder lachen soll!

Schon umarmten sich die zwei
und auch Jithro war dabei.
Nur wenige Tage waren vergangen,
da hat schon ihr Hochzeitsfest angefangen.

Moses sagte: »Gott hat mir Zippora geschenkt
und meinen Weg hin zu meines Volkes Freiheit gelenkt!«

Und so ist es auch geschehen!
In Moses Händen hatte der Zauberstab
seine alte Macht wiedererlangt
und weder der Pharao noch seine Heere,
konnten ihm wiederstehen!
Treu dem Glauben, wurde dem Herrgott gedankt!

So löste Moses sein Versprechen ein.
Sein Volk Israel sollte aus der
ägyptischen Knechtschaft befreit sein!
Moses lebte noch viele Jahre
glücklich mit Zippora, seiner Frau.

Ihm wurden zwei Söhne,
Gerschom und Eliezer, geboren.
Den Stab jedoch erhielten sie nicht!
Vielleicht ging er verloren?

Nach Moses Tod wurde er
niemals je gesehen!
Ja, so ist es geschehen!
Ich weiß es genau!

Die stärksten Waffen

Als der sechste Schöpfungstag war vorbei,
berief Gott alle Lebewesen zu sich und fragte,
ob ein jedes damit, wie es gestaltet wurde,
nun auch wirklich zufrieden sei?

Da versammelten sie sich und begannen
den Schöpfer zu preisen.
Sie drehten und wendeten sich,
um ihre Vollendung zu beweisen!

Nur das Lamm war still und leise,
auf seine ganz besondere Weise.
Es schien an der allgemeinen Freude
leider nicht teilzunehmen.
Man konnte meinen gar,
dass es sich würde schämen!

»Was fehlt dir?«, fragte Gott,
»warum bist du traurig und stumm,
während alle Geschöpfe zu mir emporschauen,
sich freuen und lobpreisen, um mich herum?«

»Ach, mein Herr und Schöpfer«,
erwiderte das Lamm,
»wie gerne würde ich mich freuen dann.
Aber du hast mich völlig wehrlos erschaffen,
ganz ohne irgendwelche Waffen!

Willst du mich denn der Willkür
meiner Feinde preisgeben?
Wie kann ich mich da meines Daseins erfreun?
Nur kurz wird darum sein mein Leben!
Kann mich nicht wehren,
muss mich jedem Angreifer ergeben!«

Gott hörte sich des Lammes Klage an
und fragte bei ihm nach, wie er wohl abhelfen kann?
»Möchtest du Tatzen haben, wie ein Bär?«
»Aber nein! Mein Gang ist viel eleganter,
sieh doch bitte her!
Und die Tatzen wären mir auch viel zu schwer!«

»Möchtest du denn Krallen wie ein Geier haben?«,
tat Gott das Lämmlein fragen.
»Nein, die benötigt der Geier,
um sich an Ästen festzuhalten!
Solche Aufgaben für mich nicht galten!
Auch Beute zu schnappen aus der Luft,
ich bin ganz friedlich, kein solcher Schuft!«

»Soll es denn ein Gebiss vielleicht sein,
so groß und scharf, wie beim Wolf und dem Löwen allein?«
»Nein, mein Herr und Schöpfer! Nein!
Solche Waffen möchte ich nicht,
sie stehen schlecht mir zu Gesicht!

Ich möchte solche Waffen kriegen,
die mich mein Leid vergessen machen!

Denn niemanden möchte ich
ein Leid zufügen!«

Da sprach Gott:
»Weil deine Bitte gerecht ist, will ich sie erfüllen!
Ich statte dich mit drei Eigenschaften aus,
die deine Sehnsucht stillen!«
So verlieh Gott dem Lamm, das ohne Schuld:
Sanftmut, Demut und Geduld!

Zweites Licht

Von den Königen David und Salomon

Das geliehene Ei

David herrschte über ganz Israel als König.
Weil er gerecht war, liebte ihn das Volk nicht wenig!
Er befehligte ein großes Heer.
Darum fiel es ihm, Krieg zu führen
und siegreich zu beenden, nicht schwer.

Einstmals, als seine Soldaten
nach einem Feldzug, ihre Zelte aufschlugen
und die Hilfskräfte ein Mittagessen
aus gekochten Eiern auftrugen,
hatte ein besonders hungriger Soldat
seine Eier schon aufgegessen,
bevor alle anderen an den Tischen gesessen!

So schämte er sich,
weil er vor seiner leeren Schüssel saß
und Recht und Sitte, um auf die Kameraden
mit dem Essen zu warten, vergaß!
Darum fragte er seinen Freund:
»Kannst du mir nicht ein Ei borgen,
damit ich vergesse meine Sorgen?«

Der Gefragte antwortete:
»Das tue ich gerne! So nimm es dir!
Aber eine Bedingung musst du
eingehen und erfüllen dafür!

Dabei habe ich daran gedacht,
dass du es zurückgibst,
sobald ich es verlange
und dass du mir den vollen Betrag bezahlst,
den es mir bis dahin hätte eingebracht!«

Ohne groß zu überlegen, nahm der junge Soldat
diese beiden Bedingungen an
und verzehrte das geborgte Ei sodann.
Die Jahre vergingen.
Sie schlugen viele Schlachten,
um Feinde zu bezwingen.

Als sie eines Tages wieder nach Jerusalem kamen,
wo er einst das Ei geborgt,
bat er seinen Kameraden völlig unbesorgt,
dass er den Preis ihm benenne.
Die Absicht, seine Schuld zu begleichen, er bekenne.

Doch er wunderte sich sehr,
dass seine Schuld viel höher wär,
als dieses eine Ei, das er abzuliefern gedacht,
da ihm die Rechnung wurde ganz anders aufgemacht!

So trug der Gläubiger den Betrag ihm vor,
da klingelte es bei dem Schuldner, nicht nur in einem Ohr!
Der Gläubiger sprach:
»Im Laufe eines Jahres schlüpft ein Küken aus einem Ei.
Da ist wirklich nichts dabei!

Das Küken wächst zu einem Huhn heran,
welches täglich Eier legen kann!
Sicher brütet es einmal im Jahr
wohl achtzehn Küken aus.
Da machst du dir gewiss nichts draus!

Jedes dieser achtzehn Küken produziert
als Huhn wieder achtzehn Küken dann!
So geht es Jahr um Jahr voran.
Du schuldest mir also eine große Summe!
Heute und nicht irgendwann!

Lass uns nun zum Markte gehen,
um den Preis eines Huhnes zu verstehen.
Deine Schuld rechnet sich ganz leicht dann aus
und du zahlst sie mir gleich aus!«

Als der Schuldner die Summe,
die er zahlen sollt begriffen,
hat er prompt gekniffen:
»Mit einem Ei fing alles an,
das ich lieh mir irgendwann.
Zahle ich die von dir berechnete Schuld,
dann bin ich ein armer Mann,
weil ich sie niemals entrichten kann!«

Gemeinsam gingen sie zu König David,
damit er diesen Streit entscheidet.
So war es im Reiche Brauch.
Keiner hat den König darum beneidet!

König David hörte sich die Argumente der Parteien an.
Da der Schuldner nicht bestreiten kann,
dass er die Bedingungen angenommen,
unter denen er das Ei geliehen hat bekommen,
so hat David zu Gunsten des Gläubigers entschieden.
Eine Neuberechnung der Schuld hatte er vermieden!

Der Schuldner war nun völlig geknickt!
Als er aus dem Gerichtssaal kam,
hatte er Salomos Sohn erblickt.
Der saß auf den Stufen,
als wäre er berufen,
jede Entscheidung des Königs
auf ihre Richtigkeit zu untersuchen.

Dieser Jüngling hörte sich nun den Schuldner an
und riet ihm, wie er Davids Rechtsspruch
ohne große Umstände widerlegen kann!

Der Soldat tat wie ihm geheißen!
Er hielt sich an einem Acker auf,
von selbst käme er wohl nicht darauf,
an dem die Soldaten des Königs vorbeiziehn.
Und er tat ein Maß gekochte Bohnen
in die Furchen schmeißen.

»Was machst du da?«, wurde er gefragt.
»Ich säe gekochte Bohnen!«, hat er darauf gesagt.
»Welch Unsinn! Gekochte Bohnen sprießen nicht!«,
riefen die Soldaten, mit einem Grinsen im Gesicht!

»Wenn das so ist, so frage ich mich dann,
wie ein Küken wohl aus einem gekochten Ei schlüpfen kann?«

Diese Rede sprach der Schuldner laut,
ja, das hat er sich getraut,
nur weil er darauf vertraut,
dass dies dem König wird zugetragen.
So dieser damit wohl gezwungen wird,
ein neues Urteil vorzuschlagen!

So kam die Sache David auch zu Ohren!
Der Beklagte hatte durch des Königs Rechtsspruch
zu unrecht den Prozess verloren!
König David ließ den Schuldner holen:
»Wer gab dir den Rat mit den gekochten Bohnen?«
Der Schuldner sprach: »Das fiel mir selber ein!«,
denn er wollte Salomon verschonen!
Doch David fiel nicht darauf herein!

Nun befahl der König seinen Sohn zu sich:
»Ich sehe, dass du mein Urteil falsch wohl findest.
Nun antworte mir, wie du das begründest!«
»Der arme Teufel kann doch nicht
für etwas bezahlen, was gar nicht möglich ist!

Gewiss kann ein Huhn aus einem Ei ein Küken ausbrüten.
Aber niemals aus einem gekochten Ei, das möge Gott verhüten!«

Nach diesen Worten änderte König David
sein gefälltes Urteil sogleich:
»Wer ein gekochtes Ei ausgeliehen,
soll ein gekochtes Ei zurückerstatten.
Genau ein solches, wie er es geliehen hatte!
Nicht mehr und nicht weniger.
So wird davon keiner arm und keiner reich!«

Die Rätsel der Königin von Saba

Nach dem Tode Davis wurde sein Sohn
Salomon der nächste König.
Seine Treue im Glauben
und die Erfüllung der Gebote,
erfreuten Gott nicht wenig!

So gefiel es Gott, Salomon zum weisesten
aller Menschen auf der Erde zu machen!
Er übte Recht und Gerechtigkeit gegen jedermann.
Darauf kam es dem Allermächtigen besonders an.

Kein Sterblicher sollte Salomon ebenbürtig sein.
Die Sprache der Tiere er verstand.
Die Geheimnisse der Pflanzen waren ihm bekannt!
Alle Geister hat er an seinen Zügeln gehalten,
ganz allein seine Regeln galten.

Eines Tages ließ Salomon alle Vögel rufen.
Sie kamen herbei und setzten sich auf des Palastes Stufen.
Die Adler aus den Bergen segelten heran.
Die Möwen vom Meere kamen pünktlich an.
Die Lerchen der Felder konnten nicht widerstehn,
auch die Geier aus der Wüste konnte man sehn.

Nur der Auerhahn fehlte, er war so frei
und alle anderen fragten sich, warum er wohl unpünktlich sei?

Mit einer Verspätung kam er an
und entschuldigte sich dann:
»Ich war so weit fortgeflogen,
dass ein rechtzeitiges Erscheinen
mir leider nicht gelang!
Herr, du sollst mich nicht schelten,
sondern sprich von Dank!«

»Wo bist du denn gewesen?«, fragte Salomon
mit tief gerunzelter Stirn.
»Ich habe ein Land gesucht, dessen Bewohner
deinen gelobten Namen nicht gekannt
und war erstaunt, als ich es fand!
Genau dort flog ich hin!

Es heißt Sabäerland.
Die Hauptstadt heißt Kitor,
das ist mir bekannt.
Weihrauchstadt wird sie genannt.

57

Aus Gold sind ihre Häuser,
die Dächer aus Silber gemacht!
Zu den Bäumen in den uralten Gärten
wird Wasser aus dem Paradies gebracht!

Eine Frau beherrscht dieses Land.
Sie wird Königin von Saba genannt.
Dein Name, oh König, ist dort leider nicht bekannt!

Wenn du es wünscht, großer Herr,
will ich zurück nach Kitor fliegen.
So könnte die Königin von Saba,
von dir herzliche Grüße kriegen.
Von deinem Ruhm will ich berichten
und auch auf den Hinweis, über deine
große Weisheit, nicht verzichten!«

Diese Worte gefielen dem König Salomon.
Der saß während des Vogels Rede lauschend auf seinem Thron.
Sogleich rief er seinen Schreiber herbei
und diktierte folgenden Brief, der von ihnen zu schreiben sei:

»König Salomon entbietet der Königin
von Saba seinen Friedensgruß.
Euch zu treffen, wäre mir ein Genuss!
Besuchet mich, wollt ihr mir Ehre erweisen.

Tut ihr es nicht, so werden meine Mächtigen,
meine Heere und meine Reiter,
alsbald in euer Land dann reisen,
um euch heimzusuchen.

Und wisset: Die wilden Tiere werden
meine Mächtigen genannt!
Die Vögel sind meine Reiter
und die Dämonen sind
als meine Heere bekannt!

Die Dämonen werden euch würgen,
die wilden Tiere euch zerreißen
und die Vögel euer Fleisch verspeisen!
Ich hoffe, dies alles ist euch bekannt!«

Der Auerhahn flog davon
und überbrachte der Königin von Saba
dieses schrecklich klingende Schreiben.
Tausende Vögel begleiteten ihn.
Sie verdunkelten die Sonne,
als würden sie diese überziehn!

Die Ratgeber der Königin rieten
»Einen König, den wir nicht kennen,
sollst du nicht beim Namen nennen.
Fahre nicht in dieses Land,
das uns völlig unbekannt!«

Doch die Königin von Saba hat gedacht:
Wenn er so mächtig ist,
dass seine Vögel zu mir die Dunkelheit haben gebracht,
so will ich ihn kennenlernen.
Vielleicht ist er ja der mächtigste König
unter der Sonne, dem Mond und den Sternen!

Und sie befahl, ihre Schiffe mit Geschenken
für König Salomon zu beladen,
denn sie war sich nun sicher,
dass sie in sein Reich wollte fahren.
Edle Hölzer, goldene Gefäße
und kostbare Perlen lud man ein.
Er sollte erfreut darüber sein.

Auch sechzig, gleichaltrige, gleichgroße
Kinder, männlichen und weiblichen Geschlechts,
wählte sie für die Reise aus.
Identische Purpurgewänder zog sie ihnen an,
damit man sie nicht unterscheiden kann!
Wir fragen uns, was wird daraus?

Nach langer Reise wurde glücklich das Ufer Israels erreicht.
Herzlich wurde die Delegation empfangen.
Es wurde musiziert und Chöre zur Begrüßung sangen!

Salomon empfing die Dame in einem kristallenen Saal.
Solch einen sah die Königin von Saba zum allerersten Mal!

Sie hat den Saum ihres Gewandes geschürzt,
weil sie dachte, dass Salomon im Wasser sitzt!
Der König begrüßte sie mit folgendem Spruch:
»Du hast das schönste Angesicht der Welt,
aber keines deiner behaarten Beine mir gefällt!«

Sie errötete und antwortete spitz:
»Ich sehe, dass du gerne Verborgenes enthüllst,
selbst wenn du weit entfernt auf deinen Throne sitzt!

Man sagte mir, du besitzt der Weisheit Kraft!
So frage ich mich, ob du wohl die Lösung der Rätsel,
die ich dir nun aufgebe, schaffst?«

»Frage nach Herzenslust!«,
erwiderte König Salomon.
»Ich hoffe sehr, dass dieses Spiel,
nicht führt zu deinem Frust!«

Und die Königin begann:
»Es wächst auf dem Felde
und hängt seinen Kopf.
Ist Ruhm für die Reichen,
für die Armen aber ein Spott.

Für die Toten soll es Zierde sein.
Für die Lebenden ein Schmerz allein.
Die Vögel finden Freude daran!
Was man für die Fische und deren Ärger,
aber leider nicht feststellen kann!«

Salomon antwortete: »Das ist der Lein!
Auf den Feldern senken die Ähren
ihre Köpflein klein!

Leinengewebe sind der Ruhm der Reichen,
Lumpen ein Spott für die Armen!
Totenhemden eine Zierde für die Leichen.
Der Leinenstrick am Galgen
bringt den Lebenden den Schmerz,
den sie als Todesurteil erhalten!

Die Vögel picken seinen Samen,
den sie gegen den Hunger von Gott bekamen!
Natürlich haben sie Freude daran.
Für die Fische, die in seinem Netz gefangen,
man das leider nicht behaupten kann!«

Die Königin fragte weiter:
»Es gibt ein Wasser, das nicht
vom Himmel fließt
und auch nicht von den Bergen.
Manchmal schmeckt es honigsüß,
wenn man es genießt
und manchmal wird es bitter,
genau wie Wermut sein.
Es kommt immer aus derselben Quelle!
Diese errate auf der Stelle!«

Salomon antwortete:
»Das ist die Träne aus dem Auge und nur sie allein!
Sind es Freudentränen, dann können sie süß wie Honig sein.
Sind es Tränen des Schmerzes,
dann sind sie so bitter wie der Wacholderwein!

Das Wasser vom Himmel ist der Regen.
Das Wasser, das aus den Bergen fließt, kommt aus Quellen,
die zu Flüssen und Bächen werden,
und sie plätschern ganz verwegen!«

Weiter fragte die Königin:
»Zwei Dinge nur die Mutter schenkt.
Das eine wird im Meer geboren,
das zweite aus den Tiefen der Erde gehoben.
Mich interessiert, was der König dazu denkt?«

Salomon lächelte: »Das sind die Perlenschnur an deinem Hals
und der goldene Ring an deinem Finger, jedenfalls!«

Darauf fragte die Königin von Saba:
»Welches Ding steht unbeweglich an seinem Platz, solange es lebt?
Nach dem Tode es aber von Ort zu Ort und von
Land zu Land wohl strebt?«

Salomon sagte darauf entzückt:
»Ohne dieses Ding hätte ich dich nie erblickt!
Es ist der Baum, solange er lebt,
und das Schiff, das aus seinem Holz entsteht,
wenn es sich dann fortbewegt!«

»Nun«, sagte die Königin,
»vier Rätsel hast du gelöst
mit wirklich klugem Sinn!
Zwei weitere möchte ich dir stellen,
um deine Klugheit zu prüfen!
Nicht aber um deine Laune zu vergällen!

Wen begräbt man, obwohl er nicht gestorben?
Wer erwacht zum Leben, obwohl er
unter der Erde begraben, liegt verborgen?
Und wer bringt denen, die ihn begruben fein,
nicht selten reichen Gewinn wohl ein?«

Da antwortete Salomon:
»Das sind das Samenkorn, die Ähren und das Getreide.«
Dann nannte die Königin ihr sechstes Rätsel.
Dass sie so viele kennt, darum ich sie beneide!

»Wer ist es, der nicht geboren wurde und nicht sterben kann?«
Salomon antwortete: »Gott der Allmächtige! Von Anfang an!«

»Erlaubst du mir ein letztes, siebentes Rätsel noch?«
»Aber bitte doch!«
Da ließ die Königin die sechzig Kinder,
die sie aus Kitor nach Jerusalem
mitgebracht, nun gleich holen.

Sie kamen herein auf schnellen Sohlen.
»Du siehst, Salomon, sie sind gleich alt,
gleich groß und wunderschön, auch gleich gekleidet.
Worum so mancher sie beneidet!
Aber es sind Mädchen und Knaben.
Wie willst du ihre Geschlechter unterscheiden?
Darauf möchte ich eine Antwort haben!«

Salomon ließ nun einen Sack
gefüllt mit Nüssen bringen,
um die Kinder zu unterschiedlichen
Handlungen zu zwingen!

Er ließ die Nüsse über die Kinder schmeißen.
Da hoben die Knaben ihre Kleider an,
damit ein jeder die gefangenen,
oder aufgelesenen Nüsse,
in die, unter den Kleidern befindlichen,
Hosentaschen stecken kann.

Die Mädchen aber schürzten die Kleider
und fingen darin die Nüsse auf.
Unterschiedliche Lösungen für die identische Aufgabe,
sind Beweis zuhauf!
Jedermann konnte sehen,
wie die Mädchen und Jungen
auf verschiedene Art und Weise,
die Aufgabe zu lösen verstehen!

So hat die Königin von Saba erkannt,
dass es keinen Sterblichen gab,
der den König Israels an Weisheit überwand!
Sie verneigte sich vor ihm und ließ
die mitgebrachten Geschenke übergeben.
Zurück nach Hause, wollte sie diese wohl nicht mitnehmen!

Salomon aber beschenkte sie
und erwies ihr hohe Ehren,
wie sie noch keinem Gast in Jerusalem
zuteilgeworden wären,
in allen seinen Regentschaftsjahren!
Darum konnte sie sich nicht beschweren!

Nun nahm die Königin Abschied,
um nach Kitor, der Weihrauchstadt, zurückzufahren.
Sie sagte: »Du bist ein großer König, Salomon.
Ich bin stolz, deinen Namen zu kennen!
Gott sei gepriesen, der an dir Gefallen fand!«
Höchste Ehre hat sie ihm damit erwiesen
und seine große Weisheit anerkannt!
Sie lud ihn ein und reichte ihm ihre Hand.

Die zänkische Frau

Besucher kamen zu König Salomon von nah und fern.
Sie erzählten von fremden Ländern, die sie gesehen
und von Abenteuern, die dort geschehen.
Wie gerne würde der König selbst dorthin einst gehen!

Auch ein Landbesitzer war immer wieder einmal dabei.
Der brachte besondere Geschenke mit,
das war Salomon nicht einerlei.

Drum mochte der König ihn fragen,
womit er ihm könnte eine Freude bereiten,
denn er liebte dessen sinnvoll gewählte Gaben,
auch wenn es öfter nur waren Kleinigkeiten!

So vertraute der Landwirt dem König seinen Herzenswunsch an.
Worüber sich der Herrscher nur wundern kann!

»Wenn du mir, oh König, eine Gunst magst erweisen,
so lass uns in das Land der Tiere reisen.
Deren Sprache würde ich gerne kennen.
Sie von dir zu erlernen, würde ich als
meinem größten Wunsch benennen!«

»Was du von mir verlangst«, sagte Salomon,
»kann sehr gefährlich sein!
Stelle dich auf Hilfe aber auch auf Gefahren damit ein!

Verrätst du aus Versehen, oder bewusst,
dass du der Tiere Sprache verstehst,
erleidest du großen Frust,
weil du des Todes bist und darum vergehst!«

Der Mann aber gab nicht nach!
So er stetes Schweigen versprach!
Als der König nun erkannte,
wie sehr dem anderen daran gelegen,
brachte er ihm der Tiere Sprache bei
und das auf schnellen Wegen!

Er reiste heim, mit stolzgeschwellter Brust
sobald er von dem Geheimnis gewusst.
Gleich wollte er ausprobieren,
ob er die Sprache der Tiere
wohl genug schon tat, studieren?

Eines Abends hat er ein Gespräch
bei seinen Ställen gehört,
dabei war er wie berauscht!
Ochse und Esel unterhielten sich.
Sie fühlten sich nicht belauscht!

Der Esel fragte:
»Wie ist es dir heute ergangen?«
Der Ochse antwortete:
»Beim ersten Hahnenschrei
musste ich meine Arbeit anfangen.

Dann schuftete ich, bis die Sonne untergeht!
Für Freizeit war es viel zu spät.
Schnelles Fressen, Niederlegen
und am nächsten Tag dasselbe, mit Gottes Segen!«

Der Esel meinte: »Du bist schön dumm!
Schau dich nur mal im Stalle um!
Einige Tiere stellen sich krank.
Sie liegen auf der faulen Haut herum.
Auch ich ruhe schon den dritten Tag,
obwohl ich keine Krankheit verspüren mag!«

Der Ochse fragte: »Wie hast du das angestellt?«
Der Esel erwiderte: »Es ist das einfachste von der Welt!
Lege dich nieder und rühre dein Futter nicht an,
dies ich dir nur raten kann!

Der Knecht sieht, dass dein Heu ist unberührt.
Sodann sein Weg ihn zu dem Herren führt.
Er berichtet, dass mit dir etwas nicht stimmt.
Sofort der Herr dich aus der Arbeit nimmt!
Dann brauchst du tagelang nichts zu tun,
als dich einfach nur auszuruhn!«

Sieh an, wie schlau der Esel ist.
Seinen Fleiß habe ich schon lang vermisst.
Er weiß, wie es geht und wie man sich drücken kann,
das dachte nun bei sich der Mann!

Der Mann öffnete die Stalltür und trat ein.
Der Ochse war aus Erschöpfung eingeschlafen.
Es war am Abend spat.
Den Esel ertappte er auf frischer Tat,
wie er sich am Futter des Ochsen gütlich tat.
Er dachte nach, wie er ihn könnte bestrafen!

Da lachte der Mann laut auf,
denn er kam sofort darauf:
Na warte, ich will dich lehren,
gute Ratschläge zu geben! Danach kannst du dich beschweren!

Er rief den Knecht und hat befohlen:
»Lass den Ochsen einen Tag ruhn,
seine Arbeit wird der Esel tun!
Mach dich mit dem Esel auf die Socken
und spanne vor dem Pflug ihn ein,
seiner Faulheit soll abgeholfen sein!«

Er lachte und lachte noch, als er in die Stube kam.
Dies seine zänkische Frau wahrnahm:
»Worüber hast du grad gelacht?
Hast du dich etwa lustig über mich gemacht?«

»Was fällt dir denn ein?«,
wehrte sich der Gatte gleich.
»Ich dachte nur daran, dass der König
ist an lustigen Episoden reich!«

»Dann berichte mir,
was Salomon erzählte dir,
damit ich auch lachen kann.
Sei so gut, mein lieber Mann!«

Doch das hat er nicht gemacht,
weil er an etwas Lächerliches gerade nicht gedacht!
Das bestärkte seine Frau in ihrem Verdacht!
Sie schimpfte sehr auf ihren Mann,
das hörte sich gar nicht freundlich an!

Am nächsten Tag war der Mann wieder im Stall.
Er wollte erlauschen, was seine Tiere
heute redeten, in jedem Fall!
Der Knecht hatte gerade den Esel gebracht.
Auf dem Felde hatte er den ganzen Tag lang
die schwere Arbeit des Ochsen gemacht!

Der Esel streckte alle viere von sich und atmete sehr schwer.
Solch eine harte Arbeit,
die er heute verrichten musste, kannte er noch nicht bisher!

Der Ochse hingegen war froh gelaunt:
»Du hast mir gut geraten!
Hier lag ich und schlief den ganzen Tag.
Solche Tage ich besonders mag!
Auf meinen nächsten Arbeitseinsatz
könnte ich gut noch viele Tage warten!«

Aber der gestresste Esel beeilte sich,
um ihm seine Freude zu verderben:
»Der Herr hat gesagt, ich sei zu schade zum Pflügen!
Diese Arbeit soll für dich genügen!
Eines ist dabei noch zu beachten:
Er sagte, wenn du nicht frisst und pflügst,
dann lässt er dich wohl schlachten!«
Kaum hatte der Ochse das gehört,
da war er total verstört!
Er sprang auf und schlang das ganze Futter in sich hinein:
»Zum Pflügen will ich bereit nun sein!«

Da lachte der Bauer aus vollem Hals.
Wie sein kluger Esel den faulkranken Ochsen heilte,
das gefiel ihm jedenfalls!

Da bemerkte er seine zornige Frau,
die ihm in den Stall nachgeschlichen.
Was nun passieren würde, das wusste er genau!
Kaum, dass er zu lachen begann,
setzte sie zu ihrer nächsten Tirade an:

»Du lachst mir einfach ins Gesicht?
Solch ein Gelächter mag ich nicht!
Schon gar nicht, wenn's auf mich gezielt!
Oder lachst du, weil ich hätt' geschielt?«

»Mit dir hat mein Lachen nichts zu tun!
Kannst auch weiter ruhig ruhn!
Die Ursache meiner Heiterkeit darf ich niemandem verraten,
weil sonst schreckliche Dinge auf mich warten!«

Die Frau war es aber gewöhnt, ihren Willen durchzusetzen!
»Ich will jetzt wissen, warum du hast gelacht!
Sagst du es nicht, dann hätt' ich mich gleich sofort umgebracht!«

Nein, das sollte nicht geschehen!
Lieber wollte er selber untergehen!
So sprach er: »Lasse mich nun sofort allein!
Mein Testament zu machen, fällt mir ein!
Von meinen Freunden will ich Abschied nehmen!
Danach mag ich dir die verbotene Antwort geben!«
Meinte ich doch einst, es sei so leicht zu schweigen.
Jetzt muss ich das Geheimnis preisgeben,
kostet es mich auch mein Leben!
Will mich ein letztes Mal noch vor dem Herrgott nun verneigen!

Das hörten die Tiere auf dem Hofe, der Weide und im Stall.
Sie trauerten um ihren Herrn gar sehr, in diesem Fall!

Der Hund war aber am traurigsten gewesen.
Er liebte seinen Herrn ganz auserlesen.
Verweigerte fortan Speis und Trank
und das wohl etliche Tage lang.

Da kam der Hahn mit seinen Hennen
auf seinen Weg vorbeistolziert.
Er tat, als ob ihn all das,
so gar nicht interessiert!
Sie machten sich über das Hundefutter her
und pickten den ganzen Fressnapf leer!

»Wie kannst du nur so herzlos sein?«,
fiel dem Hund als Frage ein.
»Unser Herr muss sterben
und du denkst nur ans Fressen
und an deinen Magen?
Trauern solltet ihr um den Herrn!
Dass ihr es nicht tut, ist zu beklagen!«

Verwundert sah der Hahn den Hund nun an:
»Ich begreife wirklich nicht,
wie unser Herr so dumm sein kann!
Schau mich an, ich lebe mit meinen Frauen,
zehn Hennen sind es an der Zahl!
Sie sind mir alle keine Qual!

Wir verstehen uns gut, denn sie gehorchen allemal!
Unser Herr hat wenig nur von Salomon gelernt!
Von dessen Weisheit ist er weit entfernt!

Weil er mit einer Frau nicht umgehen kann
und sie aus seiner Nähe nicht entfernt,
besser heut, als irgendwann!
Statt sein Leben zu verlieren,
sollte er vielleicht einmal,
eine Tracht Prügel ausprobieren!«

Bei dieser Rede erregte der Hahn sich sehr!
Seine Stimme wurde immer lauter.
So verstand des Hahnes Geschrei,
auch der Bauer, des Hahnes Herr!

Auf des Hahnes Rat bot der Bauer nun seiner Frau
richtig heftige Prügel an.
Ich glaube, das war der Grund dafür,
dass sie sich endlich nun besann!

Seitdem schien sie wie ausgewechselt zu sein!
War stets freundlich und sanft, wie ein Lämmelein!
Ihre Neugier war vergangen.
Auch zu zanken hat sie nie mehr angefangen!
Danach, Geheimnisse zu erfahren,
hatte sie nunmehr kein Verlangen.

Bei seinem nächsten Besuch in Salomons Stadt Jerusalem,
berichtete der Bauer dem König
von dieser, sich zugetragenen, Begebenheit,
von Neugier und fast tödlichem Streit!
Der Herrscher antwortete dann:

»Bedanke dich bei deinem Hahn,
der dir vorzüglich raten kann!
Es ist besser, unter dem freien Himmel zu leben,
als sich unter ein Dach, mit seinem zänkischen Weibe zu bewegen!«

Der dumme Esel

Eines Tages hatte der Löwe,
der König der Tiere, beschlossen,
mit seinem ganzen Hofstaat in fremde Länder zu reisen,
um seine Macht und seinen Reichtum
allen anderen Ländern zu beweisen!
Diese Idee hat er genossen!

Er rief den Esel zu sich heran
und wies ihn auf das Strengste an,
von allen Mitreisenden einen Zoll zu erheben,
ja, das sollten sie erleben!

So hat sich der Esel an den Laufsteg gestellt,
der auf das Schiff führte,
mit dem sie fahren wollten, durch eine große Welt.

Er verlangte von jedem der einsteigen wollt,
eine nicht geringe Gebühr in Gold
und meinte: »Der König hat es befohlen,
ich habe es nicht gestohlen!«

Auch der Fuchs kam an,
doch er wollte nicht bezahlen dann!
Den Esel hat er angeschrien:
»Weißt du nicht, dass des Königs Gefolge nichts zahlen muss?
Das wird dir gewiss nicht verziehn!«

»Davon hat der König nichts erwähnt!«
Dies antwortete der Esel ganz unverschämt.
»Ich bin beauftragt, von allen,
die das Schiff betreten, den Zoll einzutreiben.

Darf mich damit nicht verspäten!
Selbst der König zahlt bei mir,
sonst ließe ich nicht auf das Schiff
das hochverehrte Königstier!«
Der König hat mich darum gebeten!

Der Fuchs war erbost, ist zu des Löwen Audienz gegangen
und hat dem König zu berichten angefangen.
Als der Löwe Kenntnis von jedem Wort,
das der Esel sprach, erhielt,
hat er sich zornig echauffiert
und ich glaube gar, er hat geschielt!

So befahl der Löwe laut,
ja, das hat er sich getraut,
den Esel wegen Majestätsbeleidigung
gleich sofort und auf der Stelle,
auf die Schnelle, hinzurichten!
Darauf mochte er nicht verzichten!

Der Fuchs aber sollte aus des Esels Fleisch
ein leckeres Mahl anrichten.
Der Fuchs gehorchte und begann
des Esels Fleisch zu braten.
Lecker sollte es geraten!

Als der Duft dem Fuchs in seine Nase stieg,
verspürte er einen großen Appetit.
Nein, er konnte nicht widerstehn!
Hat die Pfanne umgerührt und des Esels Herz gesehn.
Er hat es gleich sofort verschlungen!
Niemand hatte ihn dazu gezwungen!

Beim Festmahl entging dies dem Löwen aber nicht.
So er zu dem Fuchse spricht:
»Wie konntest du es wagen,
dies muss ich hier beklagen,
mich um den Genuss dieses Leckerbissens zu bringen?

In die Knie werd' ich dich zwingen.
Dich zu köpfen, mag dem Henker wohl gelingen!«
Doch der Fuchs war schlagfertig genug,
darum er diesen Satz lächelnd vortrug:

»Majestät, ich bin mir ganz gewiss,
wer als Zöllner so dumm ist,
selbst vom König Zoll zu treiben ein,
dem kann in seinem Leib, kein Herz gewachsen sein!«

Das brachte den Löwen zum Lachen.
So mochte er einen Rückzieher machen!
Drum ging der schlaue Fuchs
wohl straflos aus.
Doch irgendwie bedröppelt, schlich er dann nach Haus!

Drittes Licht

Vom Propheten Elias

Elias, der Gerechte

Vor langer Zeit lebte im Heiligen Land
ein Mann, der aus dem Ort Tisbe stammte,
darum man ihn Tisbiter nannte.
Gott hatte Wohlgefallen an ihm.
Darum hat er ihm, der Elias hieß,
ganz besondere Eigenschaften verliehn!

Elias war ein Seher.
Als solcher wurde er benannt,
weil er die Zukunft voraussehen konnte,
denn er hat sie genau gekannt!

Das Volk nannte ihn einen Propheten.
Überall, wo Menschen Trost oder Rat brauchten,
konnte man Elias finden.
Er war stets da, ohne sich zu verspäten!

Die Missetäter flohen vor ihm.
Die Frommen und Gerechten liebten ihn.
Wenn einen Armen der Hunger plagt,
versorgte Elias ihn, völlig ungefragt.

Lag ein Kind im Fieber,
legte er die Hand ihm auf
und seine Krankheit verging.
Das geschah schon bald darauf.

Als Wundertäter war Elias unsichtbar.
Doch die Menschen spürten ihn,
immer wenn er in der Nähe war.
Der Sendbote Gottes ist er gewesen.
Ein Mensch zwar, doch von Gott auserlesen!

Eine Höhle am Karmelberg
war ihm als seine Wohnung bestimmt.
Seinen einzigen Besitz,
ein gegürtetes Fell und einen Knotenstock,
er stets bei sich geführt und mit sich nimmt.

Er streifte umher und nährte sich von dem, was er fand.
An den Hängen des Karmelberges
war furchtbarer Ackerboden,
das war ihm gut bekannt.

Dieser gehörte Joel, einem reichen Herrn.
Er ließ Melonen dort anbauen
und hatte stets großes Vertrauen,
dass sie gediehen schwer, süß und rund.
Joel ist dadurch reich geworden, so lautet der Befund.
Man sah es ihm an der Kleidung an
und auch an seinem Gesicht.
Doch freigiebig gegen Arme, war er leider nicht!

Seinen Reichtum hat er sehr genossen.
Doch jedem Bettler blieb seine Tür verschlossen.
Elias hatte von seinem Geiz gehört.
Er beschloss, ihm eine Lehre zu erteilen,
und das völlig ungerührt und ungestört.
Was nun geschah, ihr lest und hört:

Elias nahm die Gestalt eines alten Bettlers an
und klopfte an Joels Pforte dann.
Im Hause feierte die Hochzeit seiner einzigen Tochter man.
Prächtig war das Haus geschmückt!
Die Bewirtung auf fürstliche Weise glückt!

Teppiche waren auf allen Wegen, im Garten gar
und im Hofe ausgebreitet,
damit kein Schmutz dem Brautpaar
und den Gästen Sorgen bereitet!

Das Kleid der Braut war weiß mit gelbem Gold.
So hatte sie es immer schon gewollt!
Der Schmuck, den sie trug, war auserlesen
und von den besten Goldschmieden Jerusalems gefertigt gewesen!

Das Festmahl begann nach der Hochzeitszeremonie.
Die Tische waren festlich und reich
mit köstlichen Speisen bedeckt.
So etwas sah man weit und breit noch nie!

Die Speisen schmeckten lecker, der Wein floss in Strömen.
Der Brautvater musste sich für dieses Fest nicht schämen.
Vielleicht aber wegen der Völlerei.
Er wusste, dass das eine Sünde sei!

Als die Unterhaltung ihren Höhepunkt erreicht,
mischte sich Elias unter die Gäste, das gelang ihm leicht!
Niemand hatte ihn kommen gesehn.
Als Bettler tat er in der Gesellschaft stehn!

Seine Gestalt war in Lumpen gekleidet.
Niemand ihn darum beneidet!
Über seiner Schulter trug er einen Bettelsack.
Joel konnte den Propheten nicht erkennen.

Statt ihn zu begrüßen und sich als Geber zu bekennen,
sagte er: »Ich bin nicht zu sprechen für Bettlerpack!«
Elias sah ihn darauf durchdringend an
und verließ das ungastliche Haus sodann!

Kaum auf die Straße gekommen,
hat er die Gestalt eines königlichen Beamten angenommen.
Mit einer Kutsche war er vorgefahren.
Als Joel davon erfahren,
trat er zu dem festlich gekleideten
Gast gleich hin und sprach:
»Von eurem Besuch ich erfreuet bin!
Welche Ehre für mein Haus!
Sucht euch den besten Ehrenplatz gleich aus!

Bedient euch reichlich mit Speis und Trank.
Dies sei der Ausdruck für meinen Dank,
den euer Erscheinen hervorgerufen.
Solch einen hochstehenden Gast
kann man auf anderen Festen suchen!«

Dann richtete er sich aus seiner Verbeugung auf.
Erst fuhr er entsetzt zurück!
Denn vor ihm hat der zerlumpte alte Bettler gestanden,
den er und seine Gäste als unwürdig empfanden,
auf seine Bitte, ein Almosen zu erhalten!
Er war erschreckt, denn da käme er niemals drauf!

»Was hat das zu bedeuten?«,
stotterte Joel vor allen Leuten.
Elias antwortete: »Es ist keine List!
Ich wollte dir nur zeigen, wie töricht du bist!

Als ich als Bettler zu dir kam,
botest du mir keinen Bissen an.
Doch im Gewand eines Würdenträgers
erwiest du mir alle Ehren dann!

Das Kleid siehst du, Joel, und nicht den Mann!
Vergiss die Armen nicht, denen man helfen muss und kann!

Sonst werden Geiz und Hochmut dich an den Bettelstab bringen.
Umzukehren, auf dem steilen Weg bergab,
könnte dir nur durch gute Freundlichkeit und Erbarmen gelingen!«

Elias verschwand!
Ob Joel wohl verstand?
Auf jeden Fall war er erschreckt.
An einem Tag nur, hat er nun sein gutes Herz entdeckt:
»Sammelt die Reste des Mahles ein,
sie sollen den Armen übergeben sein!«

Doch am nächsten Tage schon,
saß er wieder auf seinem hohen Thron.
Er hatte Elias und seine Warnung weit beiseite getan
und seine alte Lebensart fing wieder an.
An die Armen hat er nie mehr gedacht
und darum einen großen Fehler gemacht!

Einstmals besichtigte Joel seine schönen Melonengärten,
hoch oben am Karmelberg.
Er freute sich auf die reifen Früchte.
Hoffte auf eine gute Ernte und dass er darauf niemals verzichte.

Da entdeckte er eine wunderliche Gestalt.
Groß und mager war sie und schon sehr alt.
Quer über die Felder kam sie ihm entgegen.
Der Fremde hatte ein Tierfell an.
Seine drei Haare wehten im Winde verwegen.

Joel war es nicht gegeben, den Propheten zu erkennen!
Auch bei seinem Namen konnte er ihn nicht nennen!

So fuhr er ihn böse an:
»Wer hat dir erlaubt, meine Gärten zu betreten?
Sage es mir, du schäbig gekleideter Mann!«
»Ich lebe hier!«, das sagte Elias dann.
»Muss durch deine Felder gehn,
bis ich den nächsten Weg kann sehn!

Schön, dass wir uns getroffen haben.
Habe großen Hunger und möchte mich
an deinen Melonen laben!«
Diese Bitte grob abzulehnen, hatte Joel im Sinn.
Doch dann lief alles auf ein Späßchen hin:

»Wie kommst du darauf, dass die Früchte Melonen sind?
Es sind nur runde Steine! Diese wurden hergeweht vom Wind!«
Seltsam anzumuten war dieser Scherz.
Niemals erreicht er eines Armen Herz!

Da blickte Elias ihn traurig an und sprach:
»Gebe Gott, Recht sollst du haben!
Magst dich an deinen Steinen laben!«
Kaum gesagt, setzte die Verwandlung ein!
Aus jeder Melone ward ein runder Stein!

Von Stund an hatte Joel das Glück verlassen!
Er konnte es kaum fassen!
Verlor sein Hab und Gut
und am Ende wohl auch
seinen scheußlichen Übermut!
Als ein Bettler ging er durch die Welt,
weil es dem Herrgott so gefällt!

Kommst du einstmals
an den Hängen des Karmelberges an,
so achte darauf, dass man dort noch heute
runde, melonenähnliche Steine sehen kann!
Es sind die Überreste von Joels Melonen!
Ja, das nehme ich wohl an!

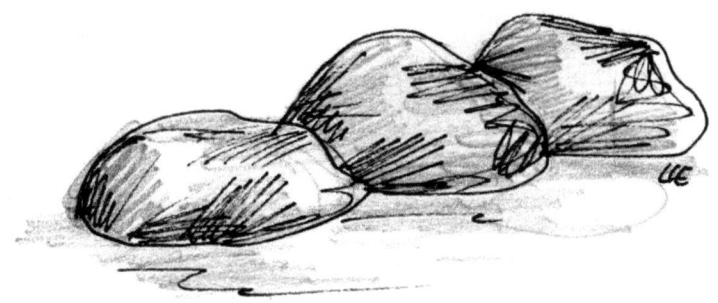

Das Geschenk des Propheten

In des Propheten Elias Zeit
lebte ein armer Mann von Jerusalem nicht weit.
Eine zahlreiche Familie hat er besessen.
Für sie zu sorgen, aber nie vergessen!

Ein baufälliges Häuschen war sein Eigen.
Durch dessen Dach pfiff der Wind.
Platz war wenig darin
und jedes Jahr kam dazu ein weiteres Kind!

Er besaß nur ein kleines Feld.
An allen Ecken fehlte es an Gut und Geld.
Er rackerte sich ab, an jedem Tag.
Doch am Abend aller Tage,
er seine acht Kinder hungrig
in ihren Betten schicken mag!

Eines Tages war er wieder auf seinem Feld,
aber die Arbeit ging ihm nicht von der Hand!
Die Erde war trocken wie Stein, dies er fand.
Mit keinem Schlage seiner Hacke
drang er tief genug in sie ein!

Traurig sah er das Ergebnis seiner schweren Arbeit an,
der kärglichen, und er glaubte nicht daran,
dass auch nur ein einziges Körnchen
des Getreides, das er säen wollte,
hier Wurzeln schlagen kann.

Aus seinen Gedanken riss ihn der Spruch:
»Friede sei mit dir!«, so grüßte ihn der Prophet,
der in diesem Moment
den Weg entlang an seinem Felde geht.

Der sprach: »Im Himmel wurde beschlossen,
dir sieben glückliche Jahre zu schenken
und damit dein Leben auf richtige,
glückliche Bahnen zu lenken!

Willst du sie jetzt gleich genießen
oder erst am Ende von deinem Leben?
Du musst mir eine Antwort geben,
damit wahr wird, was ich versprach,
also denke darüber nach!«

Der arme Mann erkannte Elias nicht,
hielt ihn für einen schadenfrohen Zauberer,
der ihn auf den Arm nahm
und ihm grinste ins Gesicht.

So sprach er: »Geh deiner Wege, Zauberer,
und lass mich in Frieden!
Mir ist schon so genug
von Kummer und Sorgen beschieden!«

Da ging Elias fort,
doch am nächsten Tage
war er wieder
an demselben Ort.

»Friede sei mit dir!«, so grüßte er.
»Ich komme wieder, es fällt mir nicht schwer!
Sieben glückliche Jahre sind dir beschieden.
Willst du sie jetzt gleich genießen
oder erst am Ende von deinem Leben?
Du musst mir eine Antwort geben,
damit wahr wird, was ich versprach!
Also denke darüber nach!«

Da jagte er den geheimnisvollen Beduinen zum zweiten Male fort.
Doch am nächsten Tage, war er wieder an dem nämlichen Ort.

Er sagte: »Vertraue mir!
Ich wurde geschickt aus dem Himmel zu dir!
Heute musst du mir eine Antwort geben.
Möchtest du sofort sieben glückliche Jahre
mit deiner Frau erleben?
Oder erst am Ende deiner Tage?
Das ist die entscheidende Frage!«

Sein Misstrauen hatte der Mann nun verloren!
Doch noch immer klingelte es in seinen Ohren!
Unvorstellbar war, was ihm beschieden!
Drum hatte er bis jetzt jede Antwort vermieden!

Doch nun sagte er: »Mich zu entscheiden, fällt mir schwer!
Ich berate mich in allen Dingen mit meiner lieben Frau,
und habe die Erfahrung gemacht,
alles was sie entschieden, war wirklich schlau!

Gerne möchte ich auch jetzt ihre Meinung hören!
Ich hoffe, das wird dich nicht stören?«
Elias war einverstanden. So lief der Mann heim
und seiner Frau sollte von dem Vorschlag
des seltsamen Mannes, gleich sofort berichtet sein!

»Nun«, meinte die Frau,
»wenn es uns wirklich beschieden sein sollte,
besser zu leben als bisher,
dann fällt die Antwort mir nicht schwer!

Sag dem Mann,
wir nehmen seinen Vorschlag an.
Doch die gute Zeit sollte sogleich beginnen
und es sollten nicht erst sieben lange Jahre verrinnen!«

Der Mann tat, was seine Frau gewollt.
Die gute Zeit nun beginnen sollt.
Der Prophet, davon in Kenntnis gesetzt,
erwiderte jetzt:
»So, wie ihr es wollt, so soll es geschehen.
Noch heute wirst du reich sein,
doch denke daran, dass wir uns
in genau sieben Jahren wiedersehen!«

Als er am Abend vom Felde nach Hause kam,
er es sofort wahrnahm,
dass nichts so ist, wie es einmal war.
Er fühlte sich ganz sonderbar.
Mit Lachen und Geschrei ward er von seinen Kindern begrüßt.
Dies der Mann gar sehr genießt!

Einen großen Klumpen Gold zeigten sie ihm,
was ihm schier unmöglich schien.
Sie sagten, sie hätten ihn im Garten gefunden
und es wäre erst her, wohl ein paar Stunden!
Der Mann und seine Frau knieten nieder
und sie riefen immer wieder:
»Gott, wir danken dir,
dass du unsere Not erkanntest, heut und hier!

Was könnten wir alles mit dem Reichtum beginnen?«,
darüber sie gemeinsam nachsinnen.
»Wir kaufen uns in der Stadt ein Haus,
dort ziehen wir ein und hier ziehen wir aus!«,
schlug der Mann vor.

Doch er erreichte nicht seiner Gattin Ohr:
»Das Elend wäre dann zwar bald vergessen!
Doch das Gold wird schnell verbraucht sein,
als hätten wir es aufgegessen!

Nein, wir sollten die Kinder satt machen
und sie kleiden mit schönen nützlichen Sachen!
Fleißig bleiben wollen wir, so wie bisher,
auch wenn die Arbeit fällt sehr schwer!

Wir kaufen mehr und fruchtbareren Boden ein!
Auch bessere Geräte, sollten es sein,
damit die Arbeit auf den Äckern
viel besser wir dann schaffen
und was wir pflanzen, besser kann gedeihn!

So vertun wir den Reichtum nicht!
Auch trotz der sieben guten Jahre
bleiben wir bescheiden und leisten Verzicht!
Mit Gottes Hilfe wird es uns dann gelingen,
nicht nur sieben gute Jahre zu verbringen!

Bis ans Ende unserer Tage
treffen uns dann nie mehr Not und Plage!
Den Rest vom Golde setzen wir dafür ein,
dass wir den Armen helfen,
damit auch sie etwas glücklicher können sein!«

Der Mann hörte auf den guten Rat seiner Frau
und schon bald zeigte es sich,
dass sie richtig handelten, ganz genau!
Die neuen Felder brachten gute Ernten ein.
Vom Erlös des Getreides sollten
Rinder und Schafe gekaufet sein!

Schafwolle haben sie auf den Markt gebracht,
Milch und Käse und damit guten Gewinn gemacht!
Ihr Haus stand Bedürftigen offen und je freigiebiger sie waren,
in all den sieben guten Jahren,
um so größer sollte ihr Vermögen sein.
Das fällt mir dazu ein!

So vergingen Jahr für Jahr.
Nach dem siebenten der Prophet Elias
wieder bei ihnen erschienen war.
Er sagte: »Die sieben Jahre sind vorbei,
gib nun zurück, was vom Erlös
des Schatzes übrig geblieben sei!«

»Ich will mein Weib noch fragen,
sie kann uns gewiss die Restsumme sagen!«
Elias sollt es zufrieden sein.
Er wartete auf den Mann, bis er traf wieder ein!

Und der sprach: »Wir haben unsere Hände in den sieben Jahren
nicht in den Schoß gelegt, sondern gerührt!
Das hat nun dazu geführt,
dass wir die volle Summe zurückerstatten,
die wir nicht als Geschenk, sondern als Kredit, behandelt hatten!«

Elias freute sich darüber sehr!
Er segnete sie und sagte zu dem Mann:
»Sei frohen Mutes,
du hast eine kluge, fleißige Frau,
und alles, was ihr tatet, war etwas Gutes!

Dass ihr nach den sieben schönen Jahren,
bis an euer Ende nur noch weitere
schöne Jahre werdet haben,
das weiß ich ganz genau!«

Kopf und Schwanz

Der Schwanz der Schlange sagt zu ihrem Kopf:
»Niemand hat dich zu meinem Herrn gemacht!
Warum soll ich hinter dir herkriechen
als würde ich dein Diener sein?
Darüber hab' ich lang' schon nachgedacht!

Du denkst sicherlich daran,
dass ich dir folgen muss
und dir immer folgen kann!
Von heute an will ich vorne sein
und du schleichst mir hinterdrein!«

Der Kopf hat es hingenommen,
er wandte nichts dagegen ein.
So folgte der Schlangenleib dem Schwanz.
Der Kopf aber war am Ende ganz.
Er dachte, dass das würde unnatürlich sein,
und vielleicht fällt das dem Schwanz
schon bald von ganz alleine ein!

Denn der Schwanz besitzt keine Augen,
dass er Hindernissen ausweichen kann,
ist wirklich kaum zu glauben!
So stieß er sich an spitzen Steinen,
stach sich an Dornen und Disteln
das will ich meinen!

Er fiel ins Wasser, versengte sich am Feuer!
Das war wirklich ungeheuer!
Hätte der Kopf nicht rechtzeitig reagiert,
wäre dem Schwanze sicherlich sehr viel Schlimmeres wohl passiert.
Die Schlange wäre ertrunken, wäre verbrannt!
Ja, das ist wirklich allerhand!

Auch im menschlichen Leben
ist solch ein Unsinn uns gegeben.
Wie der Schwanz wollen unerfahrene Jünglinge vorne stehen.
Die Alten, Erfahrenen sollen hinten gehen!

Wenn die Alten dir zum Abbruch raten,
die Jungen stets auf den Aufbau warten!
So breche ab und baue nicht auf.
Vielleicht kommen die Jungen irgendwann,
wenn sie Erfahrung sammelten, von selbst darauf!?

Weil Niederreißen bei den Alten Aufbau bedeutet.
Was niemand wohl bestreitet!
Sprechen die Jungen vom Aufbau dann,
so das Niederreißen stets begann!

Es sprach einmal ein alter Mann,
erst gestern wars, als er begann:
»Als ich jung war, hatten die Alten das Sagen.
Sie waren Weise nach all ihren Lebensjahren.
Nach allen Dingen konnte man sie fragen!

Jetzt, da ich alt bin, haben die Jungen das Sagen!
Sie müssen nichts und niemanden fragen!
Drum heute wir Alten verstummen!
Waren früher und sind heute schon wieder
immer unter den Dummen!«

Viertes Licht

Von Herrschern und Weisen,
die einst im Heiligen Land lebten

Der Rabbi und der Traumdeuter

Es gibt Menschen auf der Welt,
die einem Trichter gleichen:
Was man oben hineingießt,
unten gleich sofort heraus wird weichen!
Dort bleibt ihm kein Wissen kleben!
Sie bleiben dumm und müssen dumm auch leben!

Von dem Rabbi Ismael wird erzählt,
dass er alles Wissen wie ein Schwamm aufgesaugt
und was er einmal las oder hörte,
er ganz sicher auch behält!

Schüler pilgerten von weither zu ihm,
wie einen Vater verehrten sie ihn!
Wenn Ismael sprach, hörten gebannt sie zu!
Bei seinen Vorträgen gab es keine Unruh.

Die Schüler wagten kaum zu atmen, wenn er sprach.
Doch irgendwie kamen immer weniger, ach,
Wissbegierige in seinen Vorträgen an.
Der Rabbi das kaum verstehen kann.

Er dachte darüber nach
und von seiner Logik er sich Erfolg versprach:
Ist etwa das Studium der Heiligen Schrift
für die Studenten nicht mehr interessant?
Diese These ward nicht anerkannt!

Hat mich vielleicht mein Wissen verlassen?
Das glaube ich kaum, es ist nicht zu fassen!
Irgendwer hat mir die Studenten abspenstig gemacht!
Das kann wohl sein! Doch wer hat das vollbracht?

So lief der Rabbi auf den Markt, um zu hören,
was den Menschen gefällt und was sie wohl würde stören?
Bald schon war ihm klar,
was mit seinen Schülern geschehen war.

»Habt ihr schon von dem
wundertätigen Samariter gehört?«,
sprach ihn der Metzger an,
bei dem er stets koscheres Fleisch kaufen kann.

»Ja, so ist es«, fiel ein anderer Mann ein!
»Und alles, was er deutet, soll richtig sein.
Man erzählt ihm nur den Traum,
den man träumte in der Nacht.
Kaum hat er ihn dann gehört,
er auch schon die Bedeutung hervorgebracht!«

Mehr hat den Rabbi nicht interessiert!
Ein jeder Schritt, den er nun ging,
ihn in das Zelt des Traumdeuters führt!
Es erstaunte ihn gar nicht mehr,
dass seine Schüler, hier traf er!

»Rabbi, was ist dein Begehr?
Sag, was führt dich hierher?«
»Ich habe gehört«, erwiderte Ismael,
»dass du Träume deuten kannst,
und das nicht schlecht!
Nun bin ich gekommen, mich davon
zu überzeugen! Ist dir das recht?«

»So schau nur zu und magst bewerten,
welchen Nutzen meine Deutungen den Träumern bescherten!
Viele deiner Schüler sitzen hier herum.
Wenn du magst, dann frage dich, warum?«

Vier Menschen waren gekommen,
um die Deutung ihrer Träume zu hören.
Der erste kam heran
und er seinen Traum zu berichten begann:
»Ich träumte, drei Augen wären mein!
Wie kann das gedeutet sein?«

Der Samariter sagte gleich sofort:
»Die Stärke deines Augenlichtes nimmt zu,
besser sehen wirst nun du!«
So geschah es an diesem Ort.

»Was fällt dir ein!«, rief der Rabbi laut.
»Der Mann ist ein Bäcker, der jeden Tag in das Feuer schaut.
Dies kann man als drittes Auge deuten!
Was erzählst du nur den Leuten?«

»Tatsächlich bin ich ein Bäcker«, sagte der gute Mann,
der jeden Tag bei seiner Arbeit ins Feuer schauen muss und kann.
»Das Licht des Ofens verbrennt meine Augen.
Dass ich besser sehen werde, ist nicht zu glauben!«

Der Samariter haderte mit seinem Glück
und gab dem Bäcker sein Geld zurück.
Schon erschien der zweite Mann,
verbeugte sich und fragte, ob er eintreten kann.

»Im Traume sah ich, dass ich vier Ohren habe!
Ist das nun ein Unglück oder eine Gabe?«
Der Deuter antwortete: »Es ist ein gutes Zeichen!
Dein Ruf wird sich in der Welt ausbreiten!«

Rabbi Ismael aber schüttelte seinen Kopf geschwind:
»Deine Deutungen auch dieses Mal nicht richtig sind!
Worüber der Mensch nachdenkt am Tage,
erscheint nicht selten ihm im Traume! Keine Frage!

Schau aus dem Zelt und du wirst sehn,
des Kaufmanns Wagen hinter seinem Zugtier,
einem grauen Esel, stehn.
Wohin er auch fährt, stets hat er die langen Ohren
seines Esels vor den Augen.
So kommt es, dass er im Traume an vier Ohren mochte glauben!«

Die Miene des Samariters verfinsterte sich mehr und mehr,
denn das Geld, das der Kaufmann
für die Traumdeutung bezahlte,
musste nun zurückgeben er!

Der dritte Mann trat nun ein,
sein Traum sollte bald erzählet sein:
»Ich sah ein Buch mit vierundzwanzig Seiten!
Sage mir, was das wohl kann bedeuten?«

Nun strengte sich der Traumdeuter an:
»Ich denke, du bist wohl ein Kaufmann,
der sein Geschäftsbuch im Traume gesehn.
Deine Einnahmen und Ausgaben darin stehn!«

Da fing der Rabbi zu lachen an:
»Siehst du diesem Mann nicht an,
dass er niemals ein Kaufmann war.
Er trägt löchrige Lumpen, findest du das nicht sonderbar?

Und die vierundzwanzig Seiten
können weiter nichts als Flicken bedeuten,
die er benötigt, um die Löcher seiner Lumpen zu bedecken.
Ja, mit den Flicken möchte er sie verstecken!«

Nun hat der Traumdeuter zum dritten Mal sein Geld verloren.
Vielleicht hat er sogar darum, dem Rabbi Rache geschworen,
der allen Zuschauern den Schwindel vorgeführt,
was das Geschäft des „Traumdeuters", wirklich negativ berührt!

Nun kam der letzte Kunde dran,
es war der vierte Mann:
»Mir träumte in der Nacht,
dass alle Leute auf der Straße
dazu neigen,
mit dem Finger auf mich zu zeigen!
Was haben sie sich dabei nur gedacht?«

»Das bedeutet nichts als Ruhm und Ehre,
darum du dich darüber nicht beschwere!
Die Achtung der Menschen wird dir sicher sein,
um Rat fragen sie nur dich allein!«

Da konnte der Rabbi Ismael nicht mehr an sich halten,
er rief: »Du Schwindler solltest statt
Träume falsch zu deuten,
lieber deinen Mund nun halten!
Mit dem Finger zeigen die Leute auf diesen Mann,
weil man damit auf seinen schlechten Charakter deuten kann!

Er kümmert sich nicht um Haus und Feld,
lebt als Träumer auf dieser Welt!
Verantwortung hat er nie getragen.
Statt zu ernten, hat er geschlafen.

Der Regen verdarb sein Korn,
auf diese Art ließ Gott ihn bestrafen!
So ist der Mitbürger Spott ihm ganz gewiss,
was durch das Fingerzeigen wohl bewiesen ist!

Und ihr solltet wohl wissen,«, sprach er seine Schüler an,
»dass man seine Zeit nicht mit Unfug vergeuden kann!«

Sie schämten sich, begriffen sofort,
und änderten ihren Aufenthaltsort!
Sie kehrten mit dem Rabbi ins Lehrhaus zurück
und legten so das Fundament für ihr Wissen und ihr Glück!

Den Samariter hatte freilich sein Glück verlassen.
Was sich zugetragen, mochten die Zuschauer
und auch seine Kunden nicht fassen!
Menschen in die Irre zu führen, das war sein Geschäft.
Solches Tun ist gar nicht recht!
All das sprach sich schnell herum.
So verlor er Kunden, Geld und Publikum!

Doch an Ideen mangelte es ihm nicht,
wie er sich reinwaschen könnte,
aus dieser schäbigen Geschicht'!
Ismael hatte ihn zum Lügner gemacht:

Dasselbe muss ich mit dem Rabbi tun,
das hat er sich gedacht!
Denn ist des Rabbis Ruhm erst ruiniert,
der Weg zu Traumdeutungen, wieder wohl zu mir dann führt!

So griff er zu einer List.
Einer seiner Kumpane, von ihm zum Rabbi,
zwecks Traumdeutung, geschickt worden ist.
Den Traum hatten sie erfunden, sich also ausgedacht.
Er ward nicht geträumt, in keiner Nacht!

»Weiser Rabbi, deute mir doch meinen Traum!
Ich habe vier Zedern, vier Akazien und eine Garbe Stroh gesehen.
Auf dem Stroh ritt ein Esel! Wie ist das wohl zu verstehn?«

Der Rabbi erwiderte: »Zu allem, was du mir vorgetragen,
möchte ich nichts als Lüge sagen!
Geträumt hast du das nicht,
sondern erfunden die dumme Geschicht'!

Höre nun trotzdem meine Lösung an,
die ich dir leicht verkünden kann:
Die vier Zedern sind die Pfosten deines Bettes!
Die vier Akazien sind deines Bettes Seiten!
Dies ist nicht zu bestreiten!

Die Garbe Stroh hast du
in deinem Bette ausgebreitet
und der Esel, der darauf reitet,
der kannst du selbst nur sein,
listig und dumm und hundsgemein!«

Dieser Befund war für den Samariter der Grund,
sein Zelt eiligst abzubrechen,
aus Angst, der Rabbi würde sich, für die üble Tat noch rächen!

Er zog in eine andere Stadt, in ein anderes Land,
wo er bis dahin war unbekannt.
Wir hoffen, dass er dort keine gutgläubigen Kunden fand.

Der Rabbi aber ging zu seinem Tagesgeschäft über.
Er unterrichtete seine Schüler.
Das war ihm viel lieber!

Ich denke, dieses Beispiel hat euch gezeigt,
wie man echte Weisheit
von trügerischem Schein unterscheiden kann.
Das ist eine Lehre, nicht nur für Studenten,
sondern wohl auch für jedermann!

Choni der Kreiszeichner

In Jerusalem lebte einst ein frommer Mann,
den man mit dem Namen Choni benennen kann.
Das Volk hat ihn wie einen Heiligen verehrt.
Gott fand an ihm Wohlgefallen,
darum hat er ihm besondere Fähigkeiten gewährt.

Choni hat einen Beinamen besessen,
ihn hier zu nennen, ist angemessen.
Hameagel – der Kreiszeichner, wurde er genannt
und war mit diesem Namen im ganzen Lande bekannt.

Was das bedeutet und warum er ihn getragen,
ja, das werdet ihr mich fragen.
Und ich will euch die Antwort sagen:
Wenn Choni beten wollte,
zeichnete er um sich auf die Erde einen Kreis,
was wohl so mancher gar nicht weiß!

Er kniete sich in den Kreis hinein,
denn diese Pose sollte hilfreich sein!
In der Mitte des Kreises rief er dann,
Gott um seine Hilfe an!

Als er den Herrgott einstmals um Regen angefleht,
weil in der Dürre das ganze Leben vergeht,
sprach er zu dem Herrn:
»Verhindere bitte, ich flehe dich an,
dass dein Volk verdursten kann!
In diesem Kreise werde ich bleiben,
bis der Regen meine gezeichnete Linie auslöscht!
Daran halte ich felsenfest!«

Der Sturm setzte ein
und schob die Wolken herbei.
Es regnete und regnete,
genau so, wie es gewünscht worden sei.

Der Kreis war ausgelöscht!
Erst dann stand Choni auf, vom Gebet.
Seine Bitte ward erfüllt,
darum er glücklich heimwärts geht.

Nun leuchteten die Felder in frischem Grün.
Die Menschen, die ihr Lachen zurückgewonnen,
sah man fröhlich singend vorüberziehn.
Choni ritt auf dem Esel durch das Land.
Einen alten Bauern er beim Einpflanzen eines Baumes fand.

Er rief: »Friede sei mit dir! Was für einen Baum pflanzt du ein?«
»Es soll ein Johannisbrotbaum sein!«
»Und wann wird er Früchte tragen?«,
so hörte man Choni fragen.
»Ich denke wohl in siebzig Jahren!«

116

Choni fragte an: »So glaubst du, dass du noch lebest dann,
damit der Baum dir Nutzen bringen kann?«
»Ich bin nicht so gelehrt wie du!«,
antwortete der Baumpflanzer geradezu.
»Mit einfachen Worten erkläre ich dir,
warum ich heute diesen Baum pflanze hier:

Ich tue genau das, was meine Vorfahren taten,
die nichts von dem Baum, den sie pflanzten, hatten!
Mir aber war er von Nutzen, gab mir mein Essen.
Darum darf ich heute nicht vergessen,
einen Baum für meine Nachfahren zu pflanzen.

Dann werden sie sich niemals über mich beschweren,
denn dieser Baum wird die Kinder,
meiner Kinder, einstmals ernähren!«

Choni ritt weiter und machte an einer kühlen Höhle Rast.
Er legte sich nieder, weil er nichts verpasst.
So schlief er sachte ein, ganz ohne Hast.
Von bleierner Müdigkeit ward er sofort erfasst!

Jahre des Schlafes vergingen gar.
Niemand ahnte, wo Choni geblieben war!
Sein Sohn wuchs heran,
zu einem stattlichen Mann.
Er hatte längst eine Frau genommen.
Seine Mutter, Chonis Frau,
war schon ums Leben gekommen!

Die Menschen, die den Rabbi einst gekannt,
vergaßen ihn, weil niemand mehr seinen Namen hat genannt!
Nur gelehrte Rabbiner konnten seinen Namen
noch in heiligen Schriften lesen.
Doch keiner ahnte, was mit ihm ist gewesen!

Endlich war Choni erwacht.
Dass er sich verirrte, hat er gedacht.
Er hatte die Gegend nicht wiedererkannt!
Von Wäldern bewachsen, war das einst flache Land.

Aus dem Weinberg, bei der Höhle,
war ein schöner Garten entstanden.
Ein großer Baum dort stand.
Irgendwie war der Choni wohl bekannt!

Dort sich ein alter Mann befand,
der einen Korb hielt in der Hand,
und Johannisbrote aufsammelte,
die er unter dem Baume fand.

»Friede sei mit dir!«, sagte der Rabbiner.
»Ich sehe, dass du die Früchte deiner Arbeit erntest,
das fällt dir gewiss nicht schwer!«
Dieser fremde Mann,
blickte Choni ganz erstaunt nun an.

»Weise siehst du aus!«, sagte er,
»aber deine Rede ist töricht, du irrst gar sehr!
Mein längst verstorbener Großvater
setzte diesen Baum in die Erde,
damit ich seine Früchte ernten kann,
und mich davon ernähre.
Die Arbeit habe ich nicht getan!
Er sorgte einst dafür, dass ich heute davon leben kann!«

Choni dachte: *So müsste dieser Baum*
heute wohl siebzig Jahre alt sein.
Ich sah beim Pflanzen zu,
bevor ich schlief in der Höhle ein!

Darauf ist er in die Stadt gegangen,
hat seinen Rundgang angefangen.
Sein Haus konnte er nicht finden,
auch die Straße nicht, in der er gelebt!
Alle Menschen, die er traf, sind ihm fremd gewesen,
die eilig an ihm vorbeigestrebt!

Auf die Frage, ob jemand den Sohn
Chonis, des Kreiszeichners, kennt,
verneinte man und wendete sich ab, ganz vehement!

Nur ein altes Mütterlein erinnerte sich daran.
Sie sprach: »Längst verstorben ist der, von dir gesuchte Mann!
Aber dessen Sohn kannst du aufsuchen.«

Recht bald schon stand er vor seines Enkels Haus,
auf den Treppenstufen. Der Enkel öffnete die Tür und trat heraus:
»Was ist dein Begehr?«, das fragte er.
»Ich bin Choni, der Kreiszeichner, der Vater deines Vaters!

Vielleicht wollte Gott mich einst bestrafen,
darum ließ er mich siebzig Jahre lang schlafen!
Jetzt aber ist der Zauber gebrochen
und ich bin in die Heimat aufgebrochen!«

Der Mann, der sein Enkel war, blickte Choni seltsam an
und sprach sodann:
»Wenn du ein Stück Brot willst,
dann kannst du es gerne haben!
Doch Lügen musst du mir dafür nicht sagen!«

So ist Choni fortgegangen.
Einen zweiten Versuch wollte er im Lehrhaus anfangen.
Dort, wo man einst seinen Worten
eindrucksvoll gelauscht!

Als er ankam, waren die Rabbiner über heilige Schriften gebeugt.
Das gefiel Choni sehr, er hätte es gerne bezeugt!

»Ihr Männer der Lehre!«,
so redete er die Rabbiner an,
»erlaubt mir, dass ich mit euch,
die Geheimnisse der Thora studieren kann!«

Sie ließen ihn an gelehrten Diskussionen teilnehmen.
Weil sein Wissen, das der ältesten
und weisesten Gelehrten übertraf,
begannen sie sich zu schämen!

Einer fragte: »Wer bist du, Fremder?
Du bist so weise wie es einstmals Choni Hameagel war!«

»Aber ich bin es doch selbst, das ist wahr!
Ich bin Choni! Wurde euch das denn nicht
aus meinen Auslegungen und Kommentaren klar?«

Da rief Choni freudig aus:
»Ich lehrte einst in diesem Haus!«
Da verfinsterten sich die Mienen
der anwesenden heiligen Männer.
Jeder von ihnen war ein profunder Thorakenner!

»Warum diese Lüge?
Dein Wissen genügt dir nicht?
Wie ein Heiliger willst du verehrt ein?«,
dies einer der Rabbiner spricht!

Da hat er das Lehrhaus verlassen.
Alles, was passiert war, das konnte er nicht fassen!
Ein fremder war er, in seinem heiligen Land!
Nur weil ein viel zu langer Schlaf
ihn viele Jahre in einer Höhle band!

Er war ein Relikt aus einer alten Zeit!
Viel zu studieren und zu wissen, war er stets bereit!
Doch was nützte ihm das jetzt?
Der tote Mann, war viel glücklicher als er,
der einst das Bäumchen in die Erde gesetzt!

Dessen Enkel lobten seine Tat,
die er mit dem Pflanzen des Baumes,
vor langer Zeit vollbracht wohl hat!
Weil sie dessen Früchte ernten,
durch des Großvaters Streben.
Er wird in ihren Gedanken weiterleben!

Aber ich? Mein Enkel hat mich nicht erkannt!
Die Rabbiner glaubten mir nicht,
haben sich von mir abgewandt.
Mein Gott, wie kann ich so nur weiterleben?
Magst du mir ein Zeichen geben?

Gebrochen wanderte Choni aus der Stadt!
Er fand die Höhle wieder,
in der er siebzig Jahre lang geschlafen hat.
Erschöpft setzte er sich nieder.

»Mein Gott, mache, dass ich sterben kann!«
Und Gott erfüllte diesen Wunsch sodann.
Choni schlief ein, das Herz war ihm nicht mehr schwer.
Für ihn gab es nie mehr, eine erneute Wiederkehr!

Der Fuchs und die Fische

Spazieren ging einst ein Fuchs am Fluss,
weil sich ein jeder mal erholen muss.
Er dachte an dies, er dachte an das,
da fiel ihm ein, dass er schon lange nichts mehr fraß.

Ein großes Plätschern er vernahm,
das er sich nicht erklären kann.
Es kam von Fischen, einem Schwarm,
der aufgeregt im Flusse schwamm!

Der Fuchs sprach: »Ach, ihr armen Fischlein klein,
warum müsst ihr so nervös denn sein?
Ihr kennt nur Angst und die Gefahr,
ich finde das sehr sonderbar!

Verlasst das Wasser, kommt doch zu mir.
Ich stehe auf dem Trocknen hier!
Hier können wir in Frieden leben,
wonach auch unsere Väter streben!«

Doch die Fische wussten Bescheid!
Der Fuchs ist stets zum Fraß bereit!
»Denkst du wir sind dumm und blind,
weil wir nur kleine Fische sind?

Wenn im Wasser, unserem Element,
Gefahr schon droht, die ein jeder von uns kennt,
wie schlecht würde es uns erst auf dem Trockenen ergehn,
wo Fraßfeinde, wie du, hungrig schon am Ufer stehn?«

Da entfernte sich der Fuchs mit leerem Magen.
Konnt über den missglückten Versuch, nur traurig klagen.
Seine Absicht ward erkannt!
Missmutig ist er fortgerannt!

Listig ist er wohl und schlau.
Doch die Fische kennen ihn genau,
Gehen ihm nicht auf den Leim!
Im Wasser wollen sie lieber sein!

Der Fuchs im Weinberg

Ein hungriges Füchslein klein
wollte einst partout in einen Weinberg hinein.
Hunger hatte er gar sehr,
doch hinein zu kommen, das war schwer.

Denn eine Mauer war um den Weinberg gezogen.
Sie war hoch und breit, das ist nicht gelogen.
Der Fuchs wäre, wenn er es könnte, gern hinübergeflogen.
Aber fliegen konnte er nicht!
Das Leid erkannte man in seinem Gesicht!

Doch aufgeben, nein, das mochte er nicht!
Drum schlich er an der Mauer um den Berg herum.
Als es ihm dann ward schon fast zu dumm,
hat er eine schmale Öffnung in der Mauer erblickt.
Vor Freude ward er fast verrückt!

Durchzwängen wollte er sich,
doch der Versuch, der glückte nicht!
Ja, das nennt man wohl Geschick,
unser Füchslein war zu dick!

Darum zu fasten beschloss das Tier
und dachte, drei Tage reichen wohl dafür!
So fraß er nichts, drei Tage lang,
am Ende sprach er: »Gott sei Dank!«

Nun konnte er durch die Öffnung schlüpfen.
Als er hindurch sich hat gedrängt,
begann voll Freude er zu hüpfen.
Das war für ihn ein großes Geschenk!

Er fraß sich an den Trauben satt, nun viele Tage lang.
Doch er wurd' davon nicht krank!
Nein, wieder dick ist er geworden
und das bereitete ihm Sorgen.

Die waren auch sehr wohl begründet,
weil er das Loch zwar wiederfindet,
durch das er in den Weinberg kam,
doch es gelang ihm nicht, dass er daraus Abschied nahm.

Er konnte nicht durch das Loch entschwinden
und auch keinen Ausgang finden.
So musste er alles genau so machen,
wie er es tat, um hineinzukommen.
Natürlich hat er zur Lösung des Problems,
darum wieder abgenommen!

Mager wurd' er wieder nach drei Tagen
nun musst' er sich nicht mehr beklagen.
Er passte durch das Loch mit Druck
und beendete so den Spuk!

»Ach, Weinberg, Weinberg!«, seufzte der Fuchs,
»wie schön bist du, könnte in dir bleiben immerzu.
Wie köstlich schmecken deine Trauben!
Doch nützlich bist du mir nicht gewesen,
das sollte keiner glauben!
Denn hungrig trat ich bei dir ein,
und hungrig sollte auch mein Abschied sein!«

Was musste der Fuchs erleben?
Ist es nicht wie all das irdische Streben?
Nackt sind wir auf die Welt gekommen
und nackt wird am Ende Abschied dann genommen!

Fünftes Licht

Von den sephardischen Juden im Orient und in Südeuropa

Ein Jerusalemer in Athen

Ein jüdischer Jüngling, der aus Jerusalem kam,
den Rat seiner Lehrer sehr gern annahm.
Sie schickten ihn in die Welt hinaus,
um andere Menschen und Bräuche kennenzulernen,
ohne sich von der Thora und den Sitten Israels zu entfernen.

So kam er in die berühmte Stadt Athen.
Schon als Kind wollte er sie gerne sehn.
Er ging in eine Herberge, um zu übernachten und auch zu speisen.
Am nächsten Tage wollte er weiterreisen.

Nach dem Abendessen sprach er sein Dankgebet.
Der Wirt hatte das erspäht
und wusste nun, dass er ein Jude war,
der Mann, der vor ihm steht.

Dieser mochte die Juden nicht.
Hielt zwei Stückchen Käse in der Hand und spricht:
»Ich sehe, du bist im Heiligen Land zu Haus,
wo die Kinder die Weisheit mit Löffeln essen.
Drum frage ich dich, kennst du dich mit Käse aus?

Zwei Stücke Käse habe ich hier,
bitte zeige deine Klugheit mir!
Welcher Käse ist aus der Milch eines weißen
und welcher aus der Milch eines schwarzen Schafes gemacht?«

Der Jüngling hat ein Weilchen nachgedacht,
dann hat er eine Gegenfrage gestellt:
»Du bist älter und erfahrener als ich.
Bist viel länger schon auf dieser Welt
und darum frage ich dich:
Hat ein schwarzes oder ein weißes Huhn das Ei gelegt,
welches heute zum Frühstück verzehrte ich?«

Des Wirtes Schabernack war fehlgeschlagen!
Natürlich konnte er keine Antwort sagen.
So sprach er von einem neuen Gesetz,
welches am gestrigen Tage wurde erlassen.
Es war nicht zu glauben, nicht zu fassen:

»Ein Fremder darf in Athen nur übernachten,
wenn er mit drei Sprüngen die Straße überqueren kann!
Nachtlager und Zeche hast du schon beglichen,
darum wird dein Aufenthaltsrecht auch nicht gestrichen!
Musst die Sprünge nur mal wiederholen,
gleich sofort, auf eigenen Sohlen!«

Der Jude sprach: »Bitte zeige mir,
wie man es machen muss,
damit ich hier auch bleiben kann,
dann bis ganz zum Schluss!«

Der Wirt, froh den Jungen loszuwerden,
ging auf die Straße und machte drei Sprünge,
auf die andere Straßenseite, ohne Beschwerden!
Derweil schlug der Jerusalemer die Türe zu
und legte innen den eisernen Riegel vor, im Nu!

»Muss ich mich von dir aus meinem
eigenen Hause aussperren lassen?
Das ist wohl nicht zu fassen!«,
dies schrie der Wirt sehr laut.

Der Jude antwortete: »Ja, das habe ich mich getraut!
Ich habe nur mit dir das Gleiche getan,
was du mit mir zu tun gewollt!
So ich deine Hinterlist abwenden sollt!
Denn das Gesetz hast du erfunden,
vor Minuten, nicht vor Stunden!

Bei uns Juden gibt es ein Sprichwort,
das möchte ich dir nennen,
denn dazu würde ich mich bekennen:
Was du nicht willst, dass man dir tu,
das füg' auch keinem anderen zu!«

Der Jüngling schlief bis zum Morgen fest.
In der Frühe er das ungastliche
Wirtshaus und die Stadt Athen
auf Nimmerwiedersehen verlässt!

Der Wundersamen

Ein Häuflein Juden nur, hat einst in eines Sultans Land gelebt,
der nach immer größerer Macht gestrebt.
So ließ er keine Gelegenheit verstreichen,
mit immer neuen Gehässigkeiten, die Juden zu erreichen!

In elenden Hütten am Stadtrand haben sie stets gelebt.
Die niederen Arbeiten, die sie verrichten durften,
waren schlecht bezahlt, sie haben nicht danach gestrebt!
So ist es kein Wunder gewesen,
dass sie nicht selten beim Essen,
vor leeren Schüsseln haben gesessen.

Einer dieser Juden war ein Wasserträger.
Vom Tagesanbruch bis spät in die Nacht
schleppte er die schwere Last,
die er in die Häuser der Reichen gebracht.
Doch sein Lohn nie zu seinem Aufwand passt!

Mit Kindern war er reich gesegnet,
doch mit den wenigen Bissen Brot,
die er an sie verteilte, linderte er nicht ihre Not.
So der Hunger ihnen stets begegnet!

Der unglückliche Vater wusste keinen Rat,
darum er mehr noch und länger arbeitete an jedem Tag.
Doch der Hunger ist stets Gast
in seiner kleinen Hütte geblieben.
Mit all dem Fleiße, hatte er ihn nicht vertrieben!

In seiner Verzweiflung stahl er, bei einem Bäcker auf dem Markte,
ein einziges kleines Brot.
Eine Sünde war es, doch geboren aus der Not!
Bevor er es in Sicherheit konnte bringen,
bemerkte der Bäcker die böse Tat!
Ja, das konnte ihm gelingen!

Die Wache des Sultans wurde herbeigerufen.
Sie eilte hinab von des Palastes Stufen.
Ehe der Wasserträger es sich versah,
waren die Häscher auch schon da!
Der Mann wurde verurteilt
und zum Galgen sofort gebracht.
Die Hinrichtung sollte erfolgen,
noch vor Anbruch der Nacht!

»Hast du noch einen letzten Wunsch«, fragten die Soldaten ihn,
»bevor wir dich in die Höhe ziehn?«
»Was könnte ich mir schon wünschen?
Bald ist es um mich geschehn!
Mit meinem Geheimnis muss ich ins Grab nun gehn!

Wüsste der Sultan, was ich weiß,
wäre er gewiss auf mein Geheimnis heiß!
Bestimmt würde er mich anhören.
Es würde ihn interessieren und nicht stören!«

Die Soldaten wollten keinen Fehler machen,
darum sie den Delinquenten zum Sultan brachten.
Sie sagten: »Der Galgen kann auf dich warten!
Kannst sofort deine Rede starten!
Doch wenn, was du sagst, nicht interessiert,
wirst du erleben, was mit dir passiert!«

So erfuhr der Sultan gleich, dass der Mann, der ein Brot gestohlen,
behauptet ganz unverhohlen,
dass er ein Geheimnis kennt,
welches dem Sultan nützt, wenn er es ihm benennt!

Alle Höflinge schickte der Sultan aus dem Thronsaal hinaus
und sprach: »Jude, nun packe dein Geheimnis aus!«

»Sultan, es gibt ein Geheimnis in einem Granatapfelbaum.
Außer mir kennt es ein Zweiter wohl kaum!
Ich weiß, wie man einen Samen pflanzen muss,
damit in einer Nacht ein Baum wächst aus ihm hervor!
Rücke näher, Sultan, ich flüstere es dir ins Ohr!

Von meinen Vorvätern hat es mein Vater erfahren.
Es wird in der Familie gehütet seit vielen Jahren.
Mir hat er es auf seinem Sterbebett übergeben.
Wenn ich es dir sage, kann es in deiner Familie weiterleben!«

Das machte den Sultan neugierig sehr!
Lange schon wünschte er sich ein Wunder her!
Bisher hatte er keins besessen,
doch diesen Wunsch niemals vergessen!
Schätze besaß er viele an der Zahl,
doch dass er ohne Wunder war, bereitete ihm große Qual!

Er sprach: »So zeige mir deine Kunst
und ich gewähre dir dafür meine Gunst!«
Alles wurde vorbereitet
und vom ganzen Hof begleitet!

Der Wasserträger hob eine Grube aus,
nicht zu groß und nicht zu klein,
Für das Samenkorn des Granatapfelbaumes,
sollte dieses Pflanzloch wohl ausreichend sein!

Den Samenkern nahm der Jude in die Hand,
hob sie nach oben, sodass jeder das Korn erkannt.
Dann gab er folgendes Mirakel bekannt:
»Großer Sultan, aus diesem Körnlein klein
wächst ein Baum, in einer Nacht,
der sofort Früchte auch hervorgebracht!

Eine Bedingung ist aber dabei!
Der, der das Korn in die Erde pflanzt,
darf nie ein Dieb gewesen sein!
Da ich selbst ein Dieb bin, der ein Brot gestohlen,
musst du dir einen deiner Gefolgsleute holen,
der diese Bedingung erfüllt,
den Samen pflanzt, und somit das Wunder enthüllt.

Sei so gut und benennen einen Mann,
der nun das Körnchen pflanzen kann!
Der Sultan sprach: »Erster Ratgeber, pflanze du
den Samen in die Erde hinein.
Morgen früh stellen sich alle hier wieder ein,
um das Wunder anzuschaun!
Zu dir, mein Ratgeber, habe ich Vertraun!

Dann werden wir die reifen Granatäpfel pflücken
und sie verspeisen mit großem Entzücken!«

Am nächsten Tage begab sich der Sultan,
mit seinem ganzen Gefolge,
am frühen Morgen in den Garten.
Das Wunder zu schauen, konnte er kaum erwarten!

Doch kein Granatapfelbaum war zu sehen!
Was ist denn nur Geheimnisvolles geschehen?
Der Jude wurde vorgeführt
und der Sultan herrschte ihn an:

»Du dachtest wohl, dass man mit einer Lüge
dem Galgen entkommen kann?
Noch grausamer soll dein Tod nun sein!
Weil du ein Dieb und ein Lügner bist, so hundsgemein!«

Der verurteilte Jude aber blickte den Sultan an,
als wenn ihn das Gesagte, überhaupt nicht treffen kann!

»Für das Wunder übernehme ich die Gewähr!
Ich bin sicher«, sagte ruhig er,
»dass der Granatapfelbaum
nur deshalb nicht gewachsen wär,
weil dein Ratgeber die Bedingungen nicht erfüllt!
Sicher hat auch er gestohlen!
Wenn er es leugnet, soll ihn der Teufel holen!«

Der Ratgeber errötete und er zu stottern begann:
»Mein Gebieter, der Jude hat recht,
ich bin ein Dieb, man sieht es mir nur nicht an!
Habe einst deinen Ring genommen!
Natürlich kannst du ihn zurückbekommen!
Hab' Erbarmen mit mir Armen!«

Nun ward der Schatzmeister benannt,
den Samen zu nehmen in die Hand
und ihn in den Boden zu bringen.
Sträubt er sich, würde der Sultan ihn dazu wohl zwingen!

Nach der peinlichen Erfahrung,
die der Ratgeber gemacht,
hatte der Schatzmeister keine Lust sich zu blamieren,
darum wollte er insistieren:

»Du weißt, großer Sultan, dass ich deine Schätze hüte,
die mir täglich durch die Hände gehn.
Aber ein einziges Mal ist es geschehn,
dass ich eine Perle, die so wunderschön,
nicht in die Bücher habe eingetragen!

Nun, ich gebe zu, nach Hause hab' ich sie getragen!
Niemand hatte es gemerkt, erblickt!
Nur darum ist der Frevel mir geglückt!
Ich gebe sie zurück, bei Allah will ich's schwören!
Die Perle soll nur dir wieder gehören!«

Zornig blickte der Sultan nun herum,
um einen anderen Mann auszusuchen.
Doch dem Juden wars zu dumm,
darum sprach er:

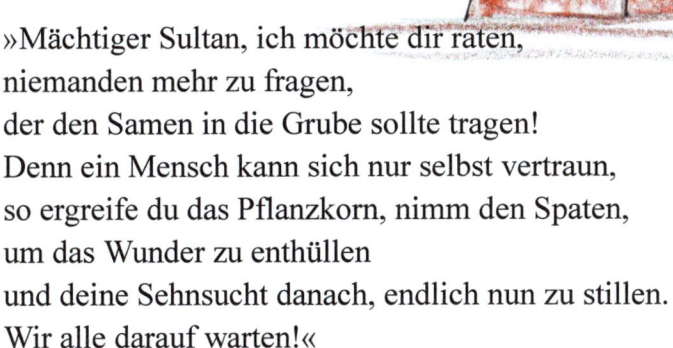

»Mächtiger Sultan, ich möchte dir raten,
niemanden mehr zu fragen,
der den Samen in die Grube sollte tragen!
Denn ein Mensch kann sich nur selbst vertraun,
so ergreife du das Pflanzkorn, nimm den Spaten,
um das Wunder zu enthüllen
und deine Sehnsucht danach, endlich nun zu stillen.
Wir alle darauf warten!«

Nun breitete sich Stille aus!
Schließlich brachte der Sultan es heraus,
dass auch er nicht ohne Schuld kann sein:
»Als Kind stahl ich meiner Mutter
eine wirklich kostbare Nadel,
die jemand nun trägt, der ist von Adel!«

Dann wandte er sich zu den Juden um
und verkündete laut vor dem Publikum:
»Ich erkenne, dass dein größtes Geheimnis deine Schlauheit ist,
verbunden mit trefflicher Hinterlist!
Deine Schuld sei dir verziehn, so gehe in Frieden!
Diesen Ring will ich dir geben,
damit ihr nie mehr müsst mit Hunger leben!«

Der kluge Maimonides

Die Juden mussten viel Leid ertragen!
Sie wurden aus ihrer Heimat vertrieben, vor vielen, vielen Jahren.
So verstreuten sie sich auf der ganzen Erde,
dass ihnen die Fremde zur Heimat werde!

Einer von den Vertriebenen, dessen Name Maimon war,
hat in der Stadt Córdoba, in Spanien gelebt.
Er wurde geachtet, weil er klug und freundlich war,
an jedem Tag in jedem Jahr
und weil er nicht nach Macht gestrebt!

Schon dreißig Jahre hatte er sich
mit seiner täglichen Arbeit geschunden,
aber eine Frau hatte er noch nicht gefunden!
Da erschien ihm eines Nachts im Traume
ein bärtiger Mann, der ihm befahl:

»Gehe zum Ufer des Guadalquivir
und klopfe, bei dem dort wohnenden Metzger an die Tür.
Bitte um die Hand seiner Tochter dann
und fange mit ihr ein gemeinsames Leben an.
Das rate ich dir allemal!

Dazu fällt mir noch ein,
der Knabe, der euch geboren wird,
soll einst der Stolz der Juden sein!«

Nach einem Jahr wurde dann die Prophezeiung wahr,
seine Frau ein Knäblein gebar.
Das Kind war lieb und fein,
sein Name sollte Moses sein.

Als er herangewachsen war,
wurde es ihnen alsbald klar,
dass sich niemand mit
Moses ben Maimons Wissen messen kann.
Er war der allerklügste Mann!

Philosoph ist er gewesen
und ein Arzt, ganz auserlesen!
Er heilte nicht nur Herrscher,
sondern auch die einfachen Leute.
Das brachte Ruhm ihm ein,
worüber er sich sicher freute!

Der Gelehrte Maimonides wurde er genannt.
Bald war in ganz Spanien er bekannt.
Viele edle Herrscher hatte er behandelt und geheilet schon.
Fand darum Zugang zu fast jedem Thron.
Die Türen wurden ihm aufgemacht,
wenn er Sorgen und Nöte seiner Glaubensbrüder dargebracht.

Deshalb liebten die Juden Moses ben Maimon sehr.
Um ihre Probleme kümmerte sich er.
Auch der mächtige ägyptische Kalif
hatte von seiner ärztlichen Kunst vernommen.
Da sein Leibarzt gestorben war,
bot er Maimonides dessen Stelle an sogar
und der hat sie auch angenommen!

Die besten ägyptischen Ärzte hatten sich um diese Stelle beworben.
Dass sie sie nicht bekamen, bereitete ihnen Kummer und Sorgen.
Sie beneideten den Juden darum sehr.
Ihn zu Fall zu bringen, wünschten sie sich mehr und mehr!

Eines Tages kam es zu einer gelehrten Disputation.
Auch Moses hörte davon
und nahm sehr gerne daran teil.
Die ägyptischen Ärzte behaupteten:
»Wir können mit unserer Kunst
auch Blindgeborene sehend machen!«

Das fand Moses steil und er begann zu lachen!
»Das ist unmöglich!«, begegnete er ihnen dann.
»Einen Blinden kann man nur heilen,
wenn er bei seiner Geburt sehend war!«
Dies machte er den aggressiven Ärzten klar!

Da eilten die ägyptischen Ärzte zum Kalifen geschwind
und verkündeten, dass sie an einem Beweis interessieret sind.
Sie wollten beweisen, dass Maimonides keine Ahnung hat
und man ihn von seinem Amte
ablösen muss, eher früher, als zu spat!

Am nächsten Tag brachten sie einen Blinden vorbei
und sagten, dass er von Geburt an blind gewesen sei!
Sie nahmen seine Augenbinde ab,
bestrichen seine Lider, mit Salbe, nicht zu knapp!
Als er sie öffnete, hat er jubiliert:
»Ich kann sehen, ich kann sehen!«
Dies wurde dem Kalifen vorgeführt!

Der Kalif an Maimonides Fähigkeiten nun zu zweifeln begann!
Dieser aber trat vor den, angeblich von der Blindheit geheilten Mann.
Er hielt ihm ein Tuch vor die Augen
und fragte, welche Farbe er sehen kann?
»Es ist rot!«, er zur Antwort bekam!

Da lachte Maimonides und sprach zum Kalifen dann:
»Mächtiger Herrscher, dazu fällt mir ein,
wie kann es wohl möglich sein,
dass ein blinder Mann,
der zum ersten Male seine Umgebung gesehn,
gleich sofort Farben benennen kann?
Nur Betrug kann das hier sein!
Die ägyptischen Ärzte führten keinen
blinden Mann hier zu uns herein!

Nur meinen Ruf wollten sie verderben
und meine begehrte Stelle erben!
Ich würde sie Betrüger nennen!«
Auch der Kalif musste das bekennen.

So wurden sie in die Wüste geschickt,
niemand hat sie jemals wiedererblickt!
Der Kalif sprach: »Ich bitte dich, mein Leibarzt zu bleiben!
Keinen Juden werde ich mehr
aus meinem Lande vertreiben!«

Das Lösegeld des Abraham ibn Esra

Vor vielen Jahren hat einst in Toledo
der Dichter Abraham ibn Esra gelebt.
Er war ein gelehrter Mann,
der nach hoher Dichtkunst gestrebt.
Hinter seiner Stirn wohnten große Gedanken.
Im Dichten und Denken gab es für ihn keine Schranken!

Wenn er über die heilige Thora philosophiert,
öffnete er auch jenen die Türe zu Gottes Lehre,
die sie nie hatten gelesen und sie auch niemals hatten kapiert!

Saß er mit Schülern des Nachts unter dem weiten Himmelszelt,
benannte er jeden Stern mit Namen
und erklärte, wie Sternschnuppen zustande kamen,
was den Zuhörern wohl gut gefällt!

Er hatte viele Sprachen gekannt.
Übersetzte Bücher für die Leser im eigenen Land.
Doch vor allem schrieb er nieder,
was er im Herzen trug:
Seine Geschichten, Märchen, Rätsel und Lieder!

Doch all das brachte ihm keinen Nutzen ein,
denn arm wie ein Bettler sollte er sein!
Er konnte mit seinem Tun das tägliche Brot nicht verdienen,
oft trug er in seinem Gesicht eine sorgenvolle Miene!

So bestieg er eines Tages ein Schiff,
das ihn in ein fremdes Land tragen sollt.
Ja, das hat er immer schon gewollt!
Aber alles kam anders als gedacht!
Auf See, genau in der vierten Nacht,
wurde ihr Schiff von Seeräubern aufgebracht!

Alle Passagiere mussten ihr Hab und Gut als Lösegeld geben,
wer das nicht konnte, verlor sein Leben!
Die Kaufleute an Bord, die eine Passage gebucht,
haben sich mit ihren Waren,
mit Gold und Perlen, freizukaufen versucht.

Der Piratenkapitän hat all das
freudig entgegengenommen,
bis er zu Abraham ibn Esra war gekommen.
»Nun«, so fragte er, »was bietest du mir an, für dein Leben?«

Abraham antwortete:
»Solche Dinge, wie du schon erhieltest,
kann ich dir nicht geben!
Ich besitze nur das, was ich geschrieben:
Meine Gedichte, Lieder, Märchen und wohl auch die Rätsel.
Mehr ist mir nicht geblieben!«

Der Pirat überlegte ein Weilchen hin und her
und dann sagte er:
»Wenn es dir gelingt, mir ein Rätsel aufzugeben,
das ich nicht erraten kann,
dann schenke ich dir dein Leben!
Heute noch, nicht irgendwann!«

Da lächelte Abraham ibn Esra und sprach:
»Ein Schlachtfeld ohne Erde,
sag, wo es gesehen werde!
Ein König ohne Reich,
darauf kommst gewiss du gleich!
Eine Königin ohne Gewand,
doch ein Skandal wohl nicht stattfand!
Rosse ohne Beine,
warum haben sie wohl keine?
Soldaten ohne Waffen,
trotzdem aber siegesgewiss.
Sag mir, wie das möglich ist?
Läufer ohne Füße,
wie bestellen sie wohl schöne Grüße?
Türme ohne Fenster laufen,
geradeaus ohne zu verschnaufen!
Die Antwort ist ein einziges Wort.
Wenn du es kennst, sag' es sofort!«

Der Räuber ließ sich Zeit zum Überlegen.
Doch dann musste er sich geschlagen geben!
Die Lösung für das Rätsel kannte er nicht!
Manch einem springt sie geradewegs in sein Gesicht!
Abraham klärte ihn auf:
»Das Schachspiel kann nur die Lösung sein!
Das Schlachtfeld ist das Schachbrett allein.
Der König und die Königin,
die Läufer, Türme und das Pferd
sind Schachfiguren, ehrenwert!
Die Soldaten werden auch Bauern genannt,
für kleine siegreiche Schritte sind sie bekannt!«

Das Rätsel und seine Lösung haben dem Piraten gefallen!
Das ist das Wichtigste von allem!
So behielt Abraham ibn Esra sein Leben.
Dazu mochte der Pirat ihm kostbare Geschenke geben!
Diese erleichterten fortan sein Streben!

Diese Geschichte hat Abraham ibn Esra in der Zukunft oft erzählt
und folgenden Satz zum Ende stets gewählt:

»Ein kluger Kopf ist oft mehr wert
als die allergrößten Schätze von der Welt!«
Dies einem jeden, der diese Geschichte
hört oder liest, ganz gewiss auffällt!

Ein Festmahl beim Löwen

Ein Löwe hatte die Tiere zu einem
Festmahl eingeladen, irgendwann.
Als sie bei seiner Behausung eintrafen,
wies er ihnen freundlich die Plätze an.

Schließlich war auch der Fuchs erschienen.
Neugierig blickte er sich um.
Er sah, dass das Dach der Behausung
war mit Tierfellen bedeckt.
Ja, das hatte ihn erschreckt!

Der Fuchs verneigte sich vor dem Löwen und sagte dann:
»Oh mächtiger König, erlaubst du,
dass ich als Tafelmusik ein kleines Lied,
dir zu Ehren, anstimmen kann?«

Der Löwe antwortete geschmeichelt: »Aber bitte sehr.
Es anzuhören fällt mir nicht schwer!«
»Und ihr«, wandte der Fuchs sich an die Tiere,
»wollt sicher mitsingen, dies ich spüre!«
»Gewiss«, antworteten diese, »das wollen wir gerne tun
und uns dabei auch nicht ausruhn!«

Da stimmte der Fuchs an: »Was ich oben gesehen,
wird unten gleich geschehen!«
Der Löwe blinzelte und hat seine Augen vor Behagen geschlossen,
weil er das Liedchen sehr genossen!

154

Die Tiere aber merkten, dass der Fuchs nach oben sah.
Da begriffen sie, was mit den Tieren,
deren Felle droben lagen, einstmals geschehen war!

Auch ihnen, die gerade hier angekommen,
hätte der Löwe gerne das Leben genommen!
Er wollte ihnen das Fell über die Ohren ziehen.
Sofort dachten sie daran zu fliehen!

So sangen sie weiter
und machten sich auf leisen Sohlen davon.
Ein wenig freuten sie sich sicher schon,
darüber, dass der Fuchs des Löwen List erkannt,
und sie warnte durch Gesang mit süßem Ton.
Das machte sie ein wenig heiter!

Der Löwe, der sich gebauchpinselt fühlt,
mit seinen geschlossenen Augen natürlich nicht
nach der Fluchtbewegung schielt!
Er schlug den Takt zu jedem Ton,
der leiser und leiser klang
und dann am Ende verstummt.
Da erwachte der König schon,
weil er alleine nur noch summt!

Die Tiere waren verschwunden.
Das beabsichtigte Fressen,
das der Löwe geplant, hat nicht stattgefunden!
Dies konnte ihm nun seine Einsamkeit bekunden!

Als sie in Sicherheit waren,
rief der Fuchs die Tiere zusammen,
damit sie das Lied beenden,
das sie beim Löwen begannen!

Und das klang so: »Wer dem Mächtigen
einst schenkt Vertrauen,
wird nur von ihm übers Ohr gehauen!«

Seitdem waren die Tiere auf der Hut,
wenn der Löwe erschien mit freundlicher Gebärde.
Das war für sie sehr gut,
doch es brachte dem Löwen so manche Beschwerde!

Sechstes Licht

Von den Aschkenasim
in Mittel- und Osteuropa

Der betrogene Betrüger

Vor vielen Jahren hat in Polen
ein armer Kaufmann gelebt.
Für seine Familie, seine vielen Kinder,
hat er stets nach Wohlstand gestrebt.

Doch seine Geschäfte gingen schlecht!
Nichts was er tat, gedieh ihm recht!
So entschloss er sich, aus der Heimat fortzugehn,
um sich in der Ferne, nach dem Glück suchend, umzusehn!

Er hinterließ seiner Frau das wenige Geld,
das er als kleinen Rest noch besaß
und er alle Taler in ihre Hände maß.
Von seinen Kindern hat er Abschied genommen,
um schweren Herzens auf den Weg in die Welt zu kommen!

Durch viele Länder und Städte ist er gegangen,
überall hat er Geschäfte angefangen,
die ihm richtig gut gelangen.
Das Pech, das ihm früher an den Fersen geklebt,
hat er nun als großes Glück erlebt.

Er kaufte Waren mit gutem Sinn,
sie brachten ihm beim Verkauf Gewinn!
Kaum, dass ein Jahr vergangen war,
sein Beutel mit sechshundert Goldmünzen gefüllet war!

Den hat er unter sein Hemd gesteckt,
damit kein Dieb ihn je entdeckt!
»Gott hat mich nicht verlassen!«, sprach er zu sich.
»In wenigen Monaten, mehr als in Jahren vorher, verdiente ich!«

Als ihm all das war geglückt,
wurde er aus Sehnsucht
nach seiner Frau und den Kindern fast verrückt!
Sein Heimweh war so groß.
Er fühlte es, so wie im Hals ein Kloß!

160

So verkaufte er die Waren, die er noch besessen.
Hat seine alten Pläne gleich vergessen
und sich auf den Heimweg gemacht!
Die Sehnsucht führte seine Schritte.
Schnell waren sie, nicht sacht!

An einem Freitag gegen Abend
war er bei einer Stadt angelangt.
Um den Sabbat, den Ruhetag,
an dem jede Tätigkeit war untersagt,
er nun wirklich bangt.

So bereitete er sich auf den Feiertag,
den jeder Jude gerne mag,
vor, so wie es vorgeschrieben.
Er reinigte sich und zog sein Festgewand an.
Das sah gut aus, nicht übertrieben!

Nun dachte er daran, dass er seinen Beutel mit Gold
nicht in die Synagoge mitnehmen sollt'!
Eine Grube hat er ausgehoben
den Beutel dort hineingeschoben
und mit Erde ihn bedeckt,
dass kein Fremder ihn entdeckt!

Nun konnte er ruhigen Gewissens in die Synagoge gehen.
Das Haus, welches nahe seinem Verstecke stand,
hatte er in der Eile übersehn.

Dieses Haus gehörte einem alten Mann,
der stets aus Langeweile,
alles was sich in der Nähe seines Hauses bewegte,
zu beobachten begann!

Für fromm und rechtschaffen wurde er gehalten!
Doch diese Eigenschaften, weil er habgierig war,
ganz gewiss nicht gehalten!

Natürlich hatte er den Fremden gesehen
und beobachtete, was gerade an der Grube,
mit dem prallen Beutel war geschehen!
Kaum dass der Schatzgräber war verschwunden,
hat der Alte den Schatz gefunden!

Er grub ihn schnellstens aus,
trug ihn in sein nahes Haus,
nachdem er die geöffnete Grube wieder verschlossen.
Dann hat er seinen Diebstahl wohl genossen!

Gleich nach Sabbatende
vollzog der Kaufmann eine Wende.
Kehrte zum Versteck zurück, und fand es leer!
Seine Tränen liefen sorgenschwer:

Niemals hatte ich Geld genug,
um meine Frau und die Kinder zu beglücken!
Zum ersten Male war mir das Schicksal wohlgesinnt!
So soll ich nun um die Früchte meiner Arbeit kommen,
weil mir ein Dieb meinen Schatz hat weggenommen.
So war es sicher, ganz bestimmt!

Er blickte sich ratlos um und sah erst jetzt das nahe Haus:
Wer aus diesem sah heraus,
hat wohl erkannt, was ich gemacht,
als ich den Beutel mit dem Golde, in die Erde hab gebracht!
Niemand sonst konnte davon wissen und mir all das stehlen.
Diese Vermutung kann ich nicht verhehlen!

Doch gehe ich zum Richter hin,
um ihn des Diebstahls anzuklagen,
so hat das sicher keinen Sinn!
Denn nach Beweisen wird man fragen!
Da ich sie nicht erbringen kann,
spricht man frei gewiss, den von mir beklagten Mann!

Auch aus dem Grunde, weil man ihn als redlich kennt!
Ich aber bin hier fremd!
Zum Schluss stehe ich als Lügner da
und verlor meinen Besitz fürwahr!

So hat der Kaufmann nachgedacht,
wie er vorgehen sollte mit Bedacht,
um sein Gold zurückzukriegen
und den Unhold zu besiegen,
bis er eine gute Idee hervorgebracht:

Ja, er war sich ganz gewiss, dass Verstand, verbunden mit List,
der richtige Weg zum Erfolg nur ist!
Mit Klugheit muss ich nun vorgehn,
um umzudrehen das, was war geschehn!

So klopfte er an die Tür des Hauses an,
in dem sein Schatz sich nur befinden kann.
Und diese wurde aufgetan.
»Friede sei mit dir!«, begrüßte er den Alten.
»Ich erbitte deinen Rat. In der Stadt
man mir von deiner Weisheit berichtet hat!«

Der Alte fragte: »Was ist dein Begehr?
So tritt doch ein, ich will dir gern behilflich sein!«
»Ich treibe Handel, weil ich Kaufmann bin.
Doch die Furcht, beraubt zu werden,
geht mir nicht aus dem Sinn!

Deshalb habe ich einen Beutel
mit sechshundert Goldstücken vergraben.
In der Hoffnung, dass sie dort sicher lagen!
Doch nun habe ich, zu diesem Zeitpunkt, unerwartet,
dazu noch tausend Goldstücke,
von einem Schuldner, zurückerhalten.
Ich weiß nun nicht, ob ich sie auch vergraben soll,
oder möchtest du sie für mich vielleicht
aufbewahren und verwalten?«

Da lächelte der habgierige Alte und sagte:
»Nun, ich möchte nicht mit meiner Hilfe sparen!
Dein Gold würde ich gerne aufbewahren!
Doch damit du sicher bist,
dass du von mir nicht hintergangen wirst,
rate ich dir, auch den zweiten Goldbeutel zu vergraben!
Doch grabe ihn an derselben Stelle ein,
dann ist der erste Beutel nicht so allein!«

»Ich werde deinen Rat befolgen!
Lieber heute schon, als morgen!«,
sagte der Kaufmann, bar seiner Sorgen!
Er ging, als wolle er den Beutel eingraben,
ohne noch ein weiteres Wort zu sagen.

Kaum war die Tür hinter ihm zugefallen,
als der Greis den gestohlenen Beutel holte.
Er dachte bei sich:
Der Kaufmann wird nun die tausend Goldstücke
sicher zu seinem Verstecke tragen,
und findet er sein Gold nicht dort,
wird er den zweiten Beutel nicht vergraben!

Darum lege ich den ersten Beutel schnell in die Grube zurück.
Findet er ihn dort, dann gräbt er auch den zweiten Beutel dort ein.
Wenn das geschieht, werden beide Beutel,
mit dem vielen Golde, sicherlich recht bald die meinen sein!
Das wäre ein unfassbares Glück!

Der Alte wartete auf die Dunkelheit,
denn Gold zu vergraben, ist wirklich keine Kleinigkeit!
Er trug den gestohlenen Beutel
zu dem Versteck und grub ihn ein.

Die Rechnung des Kaufmanns
sollte voll und ganz aufgegangen sein.
Er wartete, bis der Alte ins Haus
zurückgekommen war.

Dann ging er zum Versteck, und es war ihm klar,
dass der Beutel mit seinen
sechshundert Goldstücken dort verborgen war.
Der Alte war zu dumm, seine List zu erkennen,
so konnte sich der Kaufmann wieder
Besitzer seines verdienten Goldes nennen:

Aus Gier hast du noch mehr gewollt,
von dem mir gestohlenen Gold.
Das ganze Gold war nun wieder, wo es hingehört.
Nur den alten Dieb hat das vielleicht gestört!

Des Kaufmanns Frau und Kinder waren sehr beglückt,
als sie die schönen Dinge,
die er für sie eingekauft, bei ihrem Wiedersehen erblickt!

Ein Traum, der in Erfüllung geht

Iℷ der Stadt Krakau lebte einst Rabbi Eisik ben Jekel,
ein gelehrter, gottesfürchtiger Mann.
Dies ich euch berichten kann.

Er war durch seine Herzensgüte bekannt,
war in der Thora sehr belesen.
Doch seine Gemeinde war arm
und arme Gemeinden haben stets auch,
bettelarme Rabbiner besessen!

Aus den Sorgen kam er nicht heraus.
Renovierungsbedürftig sah seine Synagoge aus!
Wie nur könnte er die neue Thorarolle bezahlen?
Dass sie kein Geld für den Einkauf
des Sabbatgerichtes besaß, das bereitete seiner Frau Qualen!

Weil er ein Spaßvogel war, pflegte er stets zu sagen:
»Das einzige, woran es mir nicht mangelt, sind meine Schulden!
Die Gläubiger müssen sich halt noch
auf die Bezahlung, eine Weile gedulden!«

Diese Lage bedrückte Jekel sehr.
Doch wo könnte Geld besorgen er?
Seine Frau Jenta verlor langsam die Geduld.
»Eisik«, sagte sie, »wir haben nichts zu essen!
Das Wunder, auf welches du wartest, kannst du gewiss vergessen!

Magst du das Wunder nicht selber tun?
Frage Gott, ob er dir behilflich sei nun?«
Davon ist der Rabbi noch trauriger geworden
und fühlte physisch seine Sorgen!

Er war kein Wunderrabbi!
Mochte sich nicht mit dem Rabbi
Elias Hazoref vergleichen!
Dieser hatte einst, als Krakauer Studenten
sich hasserfüllt gegen jüdische Kinder wenden,
und diese in die Weichsel geschmissen, ein Wunder getan!
Um die Kinder zu retten, befahl er dem Fluss,
dass er diese Unschuldigen retten muss!
Und das konnte er auch erreichen!

Er befahl der Weichsel, ihren Lauf zu ändern!
So wurden die Kinder glücklich ans Ufer getragen!
Und die Studenten in die Fluten gerissen!
Nach ihrer bösen Tat wird sie wohl niemand vermissen!
In Krakau kannte jeder diese Begebenheit
und war, sie weiter zu berichten, jederzeit bereit!

Doch Eisik hatte nie in geheimen Büchern gelesen!
Das Wissen verstorbener Rabbiner hatte er nie erreicht.
Vielleicht wurde es aber auch mehr und mehr vergessen!
Ein Wunder zu bewirken, fiel ihm nicht leicht!

So schwieg er, wenn seine Frau ihm Vorwürfe gemacht.
Dass sie sein Schweigen gut auslegen würde,
hatte er bei sich gedacht!
Es vergingen Jahr um Jahr,
doch keine des Rabbis Sorgen,
derweil kleiner geworden war!

Eines Nachts hatte Eisik einen Traum,
der sich mehrere Male wiederholte, man glaubt es kaum!
Jedes Mal erschien ihm ein alter Mann.
Der hatte die große Pelzmütze der Ostjuden an,
und Folgendes sagte er dann:

»Eisik, mache dich auf nach Prag.
Dies ich dir nun sagen mag.
Ein Schatz wartet dort auf dich!
An einem Pfeiler unter der Brücke,
die zur Burg führt, befindet er sich.
Grabe ihn aus und trage ihn nach Haus!«

Aus Träumen hatte sich Eisik noch nie viel gemacht,
doch als er sich zum fünften Male wiederholte,
da hat er darüber nachgedacht.

So kam er dann zu dem Entschluss,
dass er nach Böhmen, dessen Hauptstadt
Prag gewesen, wandern muss.
Mit seinem Ränzlein auf dem Rücken
konnte er nach einiger Wanderzeit,
endlich die vielen Türme der Stadt erblicken.

Auch die steinerne Brücke befand sich dort,
an dem von dem alten Juden im Traume prophezeiten Ort.
Er sah sich die vielen Brückenpfeiler an,
und ahnte nicht einmal, unter welchem
er den Schatz wohl finden kann.

Irgendwie war ihm das zu dumm,
doch er sah sich unter der Brücke um.
»Was suchst du hier?«,
sprach ihn ein Brückenposten an:

Jekel rückt mit der Wahrheit heraus,
denn aus Lügen wird nur Schlimmes daraus:
Er erzählte dem Posten
von dem Mann, der ihm im Traum so oft erschienen war
und der ihm prophezeite gar,
dass ein Schatz unter dieser Brücke auf ihn wartet,
wenn er nur mit der Ausgrabung startet.

Der Wächter fing nun laut zu lachen an
und schlug sich auf seine Schenkel dann:
»Solch komischen Vogel wie dich,
Jude aus Krakau, habe ich selten gesehn!
Wie kannst du solchen Unsinn glauben?
Mir könnte solch ein Satz nicht die Ruhe rauben!

Würde ich meine Träume genau so, wie die deinen ansehn,
dann würde ich längst schon nach Krakau gehen!«
»Was hast du denn geträumt?«,
der Rabbi neugierig fragt,

Der Wächter antwortete: »Ich träumte viele Male wie du,
mein Traum wiederholte sich immerzu!
Nach Krakau, zu einem armen Juden sollte ich gehn.
Mochte nicht daran glauben, konnte es nicht verstehn.
Sogar sein Name wurde mir genannt!
Er heißt Eisik ben Jekel, in Krakau ist er bekannt!

Der Schatz, den ich dort finden kann,
liegt unter dessen Herd vergraben.
Doch wer glaubet wohl daran? Das möchte ich dich fragen.
Wo jeder zweite Jude Eisik heißt,
da müsste ich unter vielen Herden graben!«

Kaum hatte der Brückenposten zu Ende gesprochen,
ist Eisik sofort aufgebrochen.
So schnell ihn seine Füße trugen, lief er dann
und kam auch bald in Krakau an.

Ohne Gruß stürzte er in die Küche hinein
und begann unter den Augen
seiner entsetzten Frau Jenta, unter dem Herd zu graben.
»Was hat er nur?«, begann sie zu klagen,
und wagte nicht zu fragen!
»Was wird mit ihm geschehen sein?«

Doch schon hörte sie einen metallischen Ton.
Der kam wohl nur davon,
dass der Spaten den Deckel einer eisernen Kiste getroffen,
die dort war vergraben. »Sollten auch wir nur einmal
Glück jetzt haben? Das bleibt nur zu hoffen!«

Der Rabbi legte die Kiste frei.
Er öffnete das Schloss, nichts war dabei!
Und als er hineingesehen,
schielten seine Augen und sein Herz blieb fast stehen!
Sie war voll mit goldenen Talern, das musste er sich eingestehn!

Seit diesem Moment war die Not,
die seine Gemeinde gelitten, für alle Zeiten vorbei!
Der Rabbiner ließ eine neue Synagoge bauen.
So groß war sein Gottvertrauen.
Wer auch kam und bat um Hilfe an,
sie stets von Eisik Jekel bekam.

Der Rabbi konnte sich ohne Alltagssorgen
dem Studium der Thora widmen.
Viele Schüler traten bei ihm ein,
sie sollten von ihm bestens unterrichtet sein!

Auch Jenta, des Rabbis Frau, war nun zufrieden,
weil Glück und Wohlstand ihr waren beschieden.
Vorbei waren ihre Sorgen,
weil sie nie mehr mussten borgen!

Der Rabbi Eisik ben Jekel vergaß nun zu klagen.
»Gott hilft uns immer!«, pflegte er zu sagen.

»Aber nur er weiß, was dem Menschen frommt!
Den einen schickt er in die Welt,
um dort sein Glück zu finden, so wie es ihm gefällt!

Den anderen führt er in die Fremde, damit er dort dann startet,
um ihm zu zeigen, dass ihn das Glück zu Hause erwartet!«

Der kleine Richter

In der Stadt Pintschow lebte Rabbi Efraim, seit vielen Jahren schon.
Der hatte einen aufgeweckten kleinen Sohn.
Jonathan hat er geheißen.
Ohne Mühe konnte er seine Klugheit oft beweisen.

Jeden Morgen ist Jonathan in den Cheder,
die jüdische Knabenschule, gegangen.
Spät am Nachmittag erst,
wurde er stets zu Hause zurück empfangen.

An einem Tage ist es geschehen,
zu der Zeit als der Junge wollte nach Hause gehen,
tat der polnische Pferdehändler Jacek ihm im Wege stehen.

Baumlang ist dieser Kerl gewesen.
Ein Judenhasser zu sein, das war sein Wesen!
»Wohin so eilig, Judenbengel? Kannst du nicht grüßen,
so wirst du meine Faust genießen!«

Alle jüdischen Kinder fürchteten diesen Mann,
denn er hatte Freude daran,
sie zu schlagen, ihre Tränen zu sehn.
Heute hatte er es auf den kleinen Jonathan abgesehn.

Er warf des Burschen Sachen in den Kot
und prügelte das Kind halb tot!
Der Kleine biss die Zähne zusammen,
schrie und weinte nicht und begann auch nicht zu jammern!

176

Unzufrieden sah der Pferdehändler den Burschen an:
»Weshalb schreist du nicht?
Hast wohl noch nicht genug?«, er zu fragen begann.

»Weshalb soll ich schrein?«,
fiel Jonathan ein.
»Heute ist ein besonderer Tag,
den jeder Jude gerne mag!

Wenn ein Goi* heute einen Juden schlägt,
dann muss dieser dankbar sein
und muss ihm sein ganzes Geld geben,
das er an diesem Tage bei sich trägt.

*   Nichtjude

Meine Mutter gab mir zwei Münzen mit auf allen meinen Wegen.
Hier hast du sie. Ich muss sie dir für die Prügel geben!«

Vor Staunen öffnete Jacek seinen Mund,
nahm die Münzen und steckte sie unter seinen Hosenbund.
Wie verrückt müssen die Juden sein
bezahlen für die Prügel, die sie stecken ein?!
Doch als er genauer darüber nachgedacht,
hat er eine wichtige Erkenntnis hervorgebracht:

Besser wäre es wohl gewesen,
ich hätte einen reichen Juden
so geprügelt, dass er kaum wird genesen!
Der Preis, den er mir dann überreicht,
wäre nicht wie der, den mir der Knabe gab, so leicht!
Ein Beutel Gold könnte das wohl sein,
dieses fiel dem dummen Pferdehändler ein!

Genau das aber wollte Jonathan erreichen!
Mit einem reichen Juden, der sich besser zu helfen verstand,
sollte der Dummkopf sich vergleichen
und gegen den erheben seine Hand!

Wirklich, so ist es gekommen!
Jacek hat sich den geachteten Rabbiner der Stadt,
einen reichen Mann,
der dazu noch Jonathans Vater war, vorgenommen!

Auf sein Rufen standen ihm die Menschen bei.
Auch die Stadtwachen kamen herbei!
Jacek wurde in Fesseln abgeführt,
was keinen der Anwesenden gerührt!

Vor Gericht wollte er sich herausreden
und sagte, dass er Jonathans Worten Glauben schenkte
und nur darum seine böse Absicht,
auf einen reichen Juden lenkte!

Alle Leute, die sich eingefunden am Gericht,
lachten laut über den dummen Wicht.
Seine Schandtat ward ihm nicht verziehn.
Die Kinder hatten nun Ruhe vor ihm!

Nach der Gerichtsverhandlung
sprach der Vater seinen Sohn an:
»Du hast gerichtet, Jonathan!
Deine Klugheit hat den Stärkeren besiegt,
der nun seine Strafe kriegt!«

Bald nach diesem Ereignis,
hat ein Prozess ganz Pintschow erregt.
Ein Fleischer hatte seinen
jüdischen Nachbarn, einen Gewürzhändler,
wegen eines Diebstahls angezeigt,
was alle Einwohner bewegt.

Der Fleischer gab an, wie viel Geld ihm fehlte,
und beschrieb den Beutel
in dem es sich befand.
Mehrere Zeugen bestätigten,
genau den Beutel beim Fleischer gesehen zu haben,
der ihn hielt in seiner Hand.
Kurz nach der Meldung des Verlustes,
man das Geld aber beim Gewürzhändler fand!

Der Jude freilich leugnete die Tat!
»Unsere Verkaufsläden stehen dicht beieinand'.
Getrennt sind sie nur durch eine Bretterwand.
Durch eine Lücke hat der Fleischer
gewiss geschaut und entdeckt,
wie ich meinen Verdienst gezählt
und das Geld in jenen Beutel hab gesteckt.

Nur daher kennt er die Summe
und konnte den Beutel beschreiben.
Bekommt er ihn, per Richterspruch, und wird er bei ihm bleiben,
kann er sich für seinen Betrug getrost die Hände reiben!

Die Menge des Geldes hat der Kläger, niemals eingenommen.
Seine Geschäfte sind mau, kaum Kunden sind zu ihm gekommen!
Hab' bei ihm nur wahrgenommen, tausend Fliegen!
Darum ist es sicher, dass seine Zeugen lügen!

Dagegen mein Handel floriert!
Durch mich ist kein Diebstahl passiert!
Und das Geld ist mein!
Anders kann es gar nicht sein!«

Nun hat sich der Fleischer beschwert!
»Alles, was geschah, ist völlig umgekehrt!
Ich habe das Geld gezählt,
den Beutel dafür ausgewählt.

Durch die Bretterlücke hat der Jude geschaut,
dem niemand auf der Welt vertraut!
Ein Dieb ist er, mit den Fingern geschwind
und ein Lügner, wie es alle Juden sind!«

Der Richter zögerte mit dem Urteil und zog die Verhandlung hin.
Die Juden haben das Resultat geahnt,
weil es schon immer ihnen schwant!
Denn ein Prozess, Jude gegen Goi,
wird gegen den Juden entschieden, das ist nicht neu!

Efraim war von der Unschuld des Juden überzeugt.
Doch die Juden waren gewöhnt,
dass man sich im Zweifel beugt.
Wie man ihnen helfen könnte,
das wusste er leider nicht.
Sorgen standen in seinem Gesicht!

Erkennt man den Juden als schuldig dann,
man mit Ausschreitungen gegen alle Juden des Ortes rechnen kann!
So fasste der Rabbi den Beschluss,
dass er mit der Familie den Ort verlassen muss!

Der Vater suchte seinen Sohn,
ohne den ginge er nie davon.
Er hat ihn auf dem Hofe gefunden.
Die Kinder spielten Theater, seit Stunden.

Einer der Knaben stellte den angeklagten Gewürzhändler dar.
Seinem Sohne Jonathan
die Rolle des Richters zukam.
Weil alle Kinder wussten, wie klug er war!

Der Rabbi, Jonathans Vater, hielt sich
im Hintergrund verborgen.
So konnte er sich einen Einblick
in die Meinungen der Kinder besorgen.

Wie im richtigen Prozess beschuldigten Fleischer
und Gewürzhändler sich gegenseitig.
Wie es uns schon ist bekannt!
Doch der kleine Jonathan sprach in der Rolle des Richters
das Urteil, welches er für richtig fand:

»Höret das Urteil mein!
Die gefundenen Münzen werfe man in einen
Kessel mit kochendem Wasser hinein!

Wenn beim Erkalten des Wassers
Fettaugen auf der Oberfläche schwimmen,
kann der Jude der Dieb nur sein
denn seine Hände sind immer rein.

Dann wird als Besitzer des Geldes der Fleischer benannt.
Durch seine Arbeit sind seine Hände fettig
und er hatte tatsächlich die Taler in der Hand,
an denen sich darum auch Fett befand!
Wodurch die Fettaugen, die sich auf dem Wasser befinden,
den Richterspruch eindeutig begründen!«

Der Rabbi staunte über die Weisheit seines Sohnes nicht schlecht!
Auf diese Idee zu kommen, befördert das Recht!
So lief er zum Richter hin,
ihn von dieser Probe zu überzeugen, darin bestand der Sinn.

Der Richter willigte tatsächlich ein,
denn er wollte nicht schuld an antijüdischen Pogromen sein.
Als das Wasser abgekühlt, war die Oberfläche völlig rein!
Kein Fettauge sollte zu sehen sein!
Damit war des Juden Unschuld bewiesen!
Hochleben ließen seine Freunde diesen.

Der Fleischer aber wurde festgenommen.
Ist wegen Lugs und Trugs in das Gefängnis gekommen.
Zum Sohne aber hat der Vater gesprochen:
»Ohne Richter zu sein, hast du Recht gesprochen!
Möge auf deinen künftigen Handlungen der Segen Gottes ruhn!«
Als Jonathan erwachsen war, wurde er Rechtsgelehrter!
Was sollte er wohl sonst auch tun?

Siebtes Licht

Von den Chassidim,

besondere Juden unter allen anderen

Wie Feiwel auszog, um sich selbst zu suchen

Feiwel, der Chassid, kam einst
im polnischen Städtchen Pzysha an.
Nach Tabak und Zwiebel duftete sein Kaftan.
Seine Pelzmütze mit Zobelschwänzen wurde Streimel genannt.
Und seine sorgfältig gerollten Schläfenlocken
waren bei vielen Juden bekannt!

Er war stolz auf sein Wissen, seinen größten Schatz.
Oft schon saß er früh am Morgen im Lehrhaus an seinem Platz.
Die anderen kamen meist später zum Studium an,
wenn sie endlich ihre Arbeit getan.

Trödler, Schuster oder auch Fuhrmänner sind sie gewesen,
aber trotzdem sehr belesen!
Nicht selten hatten sie geschwärzte Finger an der Hand.
Feiwels Hände aber waren zart, weiß und weich,
was er wohl viel besser fand.

Nie hatte er etwas anderes als seine Schläfenlocken berührt
und die glatten Buchseiten gespürt!
Oftmals tat er so, als hätte er sie selbst geschrieben,
doch das war ganz sicher übertrieben!

Auf sein Wissen bildete er sich etwas ein,
doch in Wirklichkeit sollte er ein Wirrkopf sein!
Was er am Morgen gelesen, hatte er am Abend schon vergessen!
Beim Thorastudium brachte er alles durcheinander.
Nicht selten vergaß er sogar sein Essen!

Doch er meinte die Thora,
das heilige Gesetzbuch der Juden,
am besten von allen zu verstehn.
Etwas aber beunruhigte ihn
und das sollte leider nicht vergehn!

Wenn er am Morgen erwacht,
nach einer durchgeschlafenen Nacht,
hat er jedes Mal, eine recht seltsame Erfahrung gemacht!
Er konnte seine Kleider nicht finden
und ahnte nicht einmal, wodurch das war zu begründen!

Wo habe ich Kaftan und Streimel nur hingelegt,
das fragte er sich sehr bewegt.
Hatte er den rechten Schuh gefunden,
so hatte der linke sich versteckt.
Er hat nach ihm gerochen, ihn aber nicht entdeckt!
Und hatte er beide endlich an,
eine neue Suche begann!
Er suchte noch Stunden dann,
denn die Schnürsenkel waren verschwunden!
Bis er sie fand, an unbekanntem Ort.
Manchmal waren sie auch für immer fort!

»Nun«, so tröstete sich Feiwel,
»große Gelehrte pflegen zerstreut zu sein!«,
in diese Kategorie ordnete er sich gerne ein!
»Ihr Geist weilt oft im Himmel
und alltägliche Dinge sind ihnen fremd!
Was zählt da schon, ein nicht gefundenes Hemd?«

Einmal aber hatte sich alles gegen Feiwel verschworen!
Zuerst war die Brille verschwunden,
dann fand er sie, auf seinen Ohren!
Irgendwie kannte er sich in seinem Haus,
überhaupt gar nicht mehr aus!

Was oben einst war, das war nun unten!
Rein gar nichts hat er mehr gefunden!
»Nein«, beschloss er,
»So geht das nicht mehr weiter!

Ein Zettel wird nun mein ständiger Begleiter!
Am Abend schreibe ich auf, wohin ich alles habe gelegt.
So finde ich es auch am Morgen wieder,
vorausgesetzt, es hat sich nicht fortbewegt!
Das Suchen ist dann für immer vorbei,
für das Studium habe ich
mehr Zeit für mich frei!«

Bei Tagesanbruch erwachte Feiwel frohen Mutes.
Er fand den Zettel unter dem Kissen,
als er aus dem Bett gesprungen,
das war sportlich, ist gelungen
und es war was Gutes!

Er las: »Den Kaftan habe ich auf den Sessel gelegt!«
Schaut hin: »Da ist er ja! Ich bin bewegt!«
Er nahm den Kaftan, zog ihn an
und weiter ging es sofort dann!

»Der Streimel hängt dort an der Wand«,
und auch jetzt er ihn dort fand.
Seine Schuhe waren wirklich unterm Bett.
Das fand er besonders nett!

Und er las weiter: »Ich bin im Bett.«
Er schaute hin, das war nicht nett!
»Niemand liegt in meinem Bett,
wohin ich nur gegangen bin?«
Wirklich niemand lag darin!

Kein Chassid studiert mehr als ich,
dachte Feiwel verwunderlich!
Ich bin der Gelehrteste von allen!
Was ich aufgeschrieben,
stellte sich als Wahrheit heraus!
Wann und wohin nur,
ging ich aus dem Haus?

Feiwel erfasste das Grauen!
Nur einmal musste er in sein Bettchen schauen.
Zu Ende denken mochte er das,
was er sah, wohl nicht.
Es war eine viel zu traurige Geschicht'!
»Nun kommt mir in den Sinn,
dass ich in der Nacht verloren gegangen bin!«

Drum ist er nicht in die Talmudschule gegangen!
Er hat die Suche nach sich selbst angefangen!
Tagelang blieb er verschwunden,
hat nur nach sich gesucht, aber sich wohl nicht gefunden!

Feiwel wanderte durch Wälder, Felder,
Dörfer, die ihm unbekannt.
Er ging ziellos dorthin, wohin die Füße ihn getragen.
Weiter bleibt nun zu seiner Wanderung nichts mehr zu sagen!

Doch dann knurrte ihm der Magen.
Was soll ich nur tun, wenn mich niemand zum Essen einlädt?
Das musste er sich fragen.

Wenn ich doch zu Hause wär,
dann wäre das Leben halb so schwer,
denn meine Frau hat sich für mich geschunden!
Doch nun habe ich mich leider nicht in meinem Bette,
wie es auf dem Zettel stand, gefunden!

Unter freiem Himmel aber, werde ich bald hungers sterben!
Was bleibt zurück als lauter Scherben?
Doch wenn ich sterbe, dann kann ich mich nicht finden!
Wie soll ich dann vor den himmlischen Vater treten
und meinen Verlust begründen?
Mit einem Menschen, der verloren ist gegangen,
kann man im Himmel rein gar nichts anfangen!

Da riss ihn der Anblick eines schönen Hauses,
mit einem großen Garten,
aus seinen trügerischen Gedanken,
die ihm auferlegten Schranken!
Solch etwas Schönes zu finden,
konnte er nicht erwarten und auch nicht begründen!

Dort wohnt gewiss ein Reicher, hoffentlich lässt der mich ein!
Feiwel klopfte an die Tür.
Als sie aufgetan, sprach er:
»Ich möchte Speisen und Übernachten hier!«

»Du hast Glück, so trete ein,
du sollst mir wie gerufen sein!
Kannst bei mir essen und auch wohnen,
musst es dir nur verdienen, darfst dich nicht schonen!«

Als Feiwel noch dachte: W*omit?*,
führte ihn schon der Herr in den Stall, in gleichem Schritt!
Er hat ihm einen prächtigen Schimmel gezeigt,
den er gerade erworben und sprach:
»Um den Schutz des Pferdes mache ich mir Sorgen.
Ich brauche einen Wächter und hoffe,
der könntest du wohl sein!
Wenn dem so ist, dann tritt nur ein!«

Feiwel nahm nach kurzer Überlegung an:
Ein Pferd bewachen, ich wohl kann!
Ich könnte dabei sitzen und nachdenken,
wie ich mich finden könnte und wo ich erfolgreich suchen muss!
Bekäme Essen und Nachtlager, dann zum Schluss!

Der Herr sprach: »Erst solltest du dich in der Küche laben
und dann erst diese Aufgabe haben.«
Gestärkt nach dem Essen hat Feiwel sich
in eine Decke eingerollt und vor die Stalltüre gesetzt.
Doch der Herr fand keinen Schlaf:
Nachsehen und kontrollieren muss ich jetzt!

Er schlich in den Stall, keiner hatte das Pferd gestohlen!
Doch Feiwel hatte nicht bemerkt,
dass der Herr hinein- und hinausgegangen.
So hat dieser einen Streit angefangen!
Er sprach: »Schläfst du? Dann soll dich der Teufel holen!«
Feiwel rief: »Keine Spur! Herr, ich denke nach!«
»Worüber?«, dies der Mann gleich fragt.

»Nun«, erwiderte Feiwel mit Bedacht.
»Wenn man einen Nagel schlägt in ein Brett,
wohin gelangt dann das Holz,
das vor dem Loch dort war?
Dieses interessiert mich gar!
Wüsste ich es, fände ich es nett!«

»Wohin wohl manche Menschen ihre Gedanken lenken?
Dummes Zeug ist's, das würde ich denken!
Du sollst nicht grübeln, sondern mein Pferd bewachen
und sonst keine anderen Sachen machen!«

Die Nacht verging, das Pferdchen war noch da!
Gott sei Dank, gar nichts geschah!
Feiwel war erfreut:
Noch besser Wache halten, ja, das werde ich heut'!

Doch der Herr glaubt nicht daran,
meint, dass er es überwachen, kontrollieren, muss und kann
und so schleicht er sich nächtens an!

Feiwel hat sich nicht gerührt,
so fühlt der Herr sich vorgeführt!
»Du hast geschworen, besser aufzupassen,
doch auch heut' war darauf kein Verlassen!«

»Ich kann wirklich nichts dafür,
immer muss ich nachdenken hier!«
»Und worüber grübelst du gerade?«,
stellt der Herr nun seine Frage.
»Ich denke darüber nach, wo das Kerzenwachs hinkommt,
wenn die Kerze abbrennt, prompt?«

»Ich sage dir ein letztes Mal,
passt du nicht auf, wirds dir zur Qual!
Kümmere dich nur um den Gaul
und sitz nicht denkend rum, so faul!«

Am dritten Abend hat er wieder gut gegessen
und danach als Wache, vor der Stalltüre gesessen.
Dann versank er in Gedanken,
denken mochte er ohne Schranken!

Da packten ihn die starken Fäuste des Herren an
und schüttelten ihn, so fest er eben kann!

»Du verrückter Kerl!«, schrie er. »Das Pferd ist weg!
Steht nicht mehr an seinem Fleck!«
Feiwel wiegte besonnen sein Haupt
und was er sprach, wohl keiner ahnt und niemand glaubt:

»Dass es fort ist, weiß ich wohl.
Nun denke ich darüber nach,
wie es geschehen sein soll.
Die festen Mauern des Stalles sind da,
auch die geschlossene Tür sogar
und ich, der Wächter, lehne mit der Schulter daran.
Nun frage ich mich, was wohl geschah
und wie es wohl geschehen kann?«

Da stürzte sich der Reiche in einem Anfall von blinder Wut
auf den Wächter Feiwel. Was geschah, tat dem nicht gut.
Seine Schläfenlocken riss er ab!
Natürlich nicht zu knapp!
Trommelte mit seinen Fäusten fest auf Feiwels Rücken.
Natürlich brachte ihm das kein Entzücken!

Dabei verfluchte er alle Chassidimi,
diese neunmalklugen Taugenichtse und Haarspalter.
Diese verrückten Wachehalter!
Die Schläge prasselten auf Feiwel herab.
Sie schmerzten ihn wohl nicht zu knapp!

Sein Körper brannte davon wie Feuer!
Da schoss ihm ein Gedanke in den Kopf, ein neuer!
Den fand er ungeheuer:
Wenn es der Rücken ist, der mich schmerzt,
dann muss es doch mein Rücken sein!
Und wo mein Rücken ist, da bin nur ich allein!
»Hurra! Ich habe mich gefunden!«
Dann rannte er los und war zu Haus, nach ein paar Stunden!

196

Die Tracht Prügel hatte ihn durchgeschüttelt
und wohl richtig aufgerüttelt.
Darum war er erwacht und hat, dass es auch eine andere Welt gibt,
als die, die er nur in seinem Kopf trug, plötzlich wohl gedacht!

Er fühlte sich nicht mehr so gescheit!
War auch zur Arbeit mit den Händen bereit!
Und er studierte nicht mehr nur allein,
nein er wollte gerne mit den anderen Chassidimi zusammen sein!

Sein Gedächtnis war nun nicht mehr so löchrig wie ein Käse!
Die Weisheit der Bücher öffnete sich ihm, welch eine Genese!
Er verstand und behielt was er gelesen
und ist nie mehr auf der Suche nach sich selbst gewesen!

Das Suppenhuhn

In Berditschew, einer ukrainischen Stadt,
dem Sitz des berühmten
Rabbi Levi Jitzchak, der zu den Chassidimi
gehörende, Herschl gelebet hat.

Er war arm und verlassen.
Die Not war sein einziger Begleiter.
Manchmal war es nicht zu fassen!
Doch er hat sich nichts daraus gemacht!
Wozu braucht der Mensch das Geld?,
hat er nicht selten gedacht!

Die Worte seines Rabbiners zu diesem Problem
konnte er akzeptieren und auch gut verstehn:
»Geld war stets nur dazu da, dass der Reiche es besessen
und es dem Armen geben kann, damit der wird, genesen!«

Weil Herschl wirklich nichts besaß,
aber trotzdem gerne aß,
ging er von Ort zu Ort, rund herum, um seinen Heimatort,
als wäre es für ihn nur Sport!

Er bat die Leute um ein Stückchen Brot,
um zu lindern, seine Not.
Fand das zum Abendbrot dann statt,
er sie zu dem Brote, noch um ein Nachtlager im Stroh dann bat!

Einmal kam Herschl gegen Mittag in einem Gasthaus an.
Die Wirtin darin man als geizig benennen kann.

Am liebsten hätte sie ihren Gästen die Luft auf die Rechnung gesetzt
und die Suppe nur aus Wasser gekocht, ganz zuletzt!

Die Speisen auf den Tellern waren ganz knapp bemessen.
Trotzdem noch etwas herunter zu kratzen,
hat das geizige Weib nie vergessen!

Kein Wirtshaus gab es weit und breit!
Drum mussten ihre Gäste die knappen Mahlzeiten
und die hohen Preise dulden und das zu jeder Zeit!

Als Herschl die Tür des Gasthauses aufgetan,
schaute ihn die Wirtin böse an!
Der angekündigte reiche Kaufmann war nicht gekommen,
das hat sie Herschl übel genommen.

Draußen goss es in Strömen
und der arme Teufel sah noch armseliger aus,
als man es könnte annehmen!

Viel zu eng war seine Pelzjacke sehr.
Zuknöpfen konnte er sie nicht mehr!
Die geflickte Hose war mit einem
Strick gegürtet, das sah seltsam aus
und aus seinen Schuhen
schauten die nackten Zehen heraus!
»Was willst du?«, wurde Herschl mürrisch angefasst!

»Na, was kann ich schon wollen?«,
hat sich Herschl ihrem Tone angepasst!
»Meine Frau ist tot, meine Kinder sind gestorben!
Trotzdem komme ich nicht zu dir, um dich anzuborgen!

Gib mir etwas zu essen!
Diese Barmherzigkeit solltest du nicht vergessen!
Und lasse mich unter deinem Dache verweilen,
so lange, bis meine Sachen getrocknet sind.
Dann werde ich fort von dir eilen,
nicht langsam, sondern geschwind!«

Die Wirtin überlegte nun,
denn beides wollte sie sicher nicht tun!
»Essen gebe ich ihm nicht,
denn das kostet mein Geld«,
dies sie ganz leise murmelnd zu sich spricht!
Geizbefallen ist die Welt:

Lasse ich ihn am Ofen sitzen,
bis seine Sachen trocken sind
und er zu schwitzen dann beginnt,
wird keiner sagen dann,
dass ich kein Herz für die Armen haben kann!
Vielleicht wird man mich gar die Barmherzige nennen?
Doch sicher nur die, die mich nicht kennen!

Sie sprach: »Zu essen kann ich dir nichts geben,
denn davon hab ich nichts im Haus!
Doch am Ofen magst du sitzen,
solange du es auch hältst aus!
Doch wenn der Regen aufhört, musst du wieder hinaus!«

Herschl zog die abgeschabte Pelzjacke aus,
schlüpfte aus den löchrigen Schuhen hinaus
und setze sich auf die Ofenbank.
Sprach fromm noch ein: »Gott sei Dank!«

Plötzlich ist ihm der Duft eines Suppenhuhnes in die Nase gestiegen!
Das hätte die Wirtin wohl gerne vermieden!
Nanu?, dachte Herschl, *täuschen mich meine Sinne,*
weil ich, dass ein Huhn im Topfe kocht,
langsam zu glauben beginne?

Nun beobachtete er, wie die Wirtin den Deckel des Topfes hebt
und umrührt, was er schon öfter erlebt.
Von Zeit zu Zeit sah sie hinein.
Ihre Miene sollte sehr zufrieden sein!

»Was kochst du denn da?«, fragte Herschl, als sie zu ihm sah.
»Das riecht nach Suppenhuhn!«
»Nein, damit hat es nichts zu tun!
In diesem Topf ist schmutzige Wäsche drin,
ihr Duft betrügt wohl deinen Sinn!«

Hungrige Leute nicht hinters Licht zu führen sind!
Herschl roch Suppenhuhn und das drei Meilen gegen den Wind.
Lange schon hat er so etwas Gutes nicht gegessen!
Vielleicht sogar, war er damals noch ein Kind?

Zusammen lief ihm das Wasser im Mund.
Er dachte an Hühnerschenkel, weißes Brustfleisch
und an die zarten Flügelchen.
Dies alles zu essen, wäre sicher sehr gesund!

Er ertrug den Anblick des Topfes,
mit dem lustig tanzenden Deckel nicht mehr!
Der Hunger war so groß, dass er wie ein eiserner Reifen
seinen leeren Magen umklammerte, so sehr!

Wie ein Häuflein Elend saß er da.
Als die Wirtin ihn so niedergeschlagen sah,
meinte sie, Herschl sei eingeschlafen
und beschloss, sich ein Weilchen aufs Ohr zu legen.
Diese Dummheit bringt ihr keinen Segen.

Das Huhn war für einen reichen Kaufmann bestimmt!
Sie nahm an, dass dieser während des Regens
sicher nicht die Fahrt zu ihrem Wirtshaus beginnt.

Bevor sie sich niederlegt,
sie noch prüft, wie gar das Huhn wohl ist,
dann zieht sie es von der Herdplatte,
weil es noch niemand vermisst!
Dies anzusehn, hat Herschl sehr bewegt!

Kaum, dass sie verschwunden, hinter der Tür,
murmelte Herschl: »Herr, vergib es mir!«
Er hat das Huhn aus dem Topfe genommen
und mit dessen Verspeisung begonnen!

Die Schenkel, die Brust, die Flügel,
sogar den Hals mitsamt der Haut,
fraß er in sich hinein.
Wohlige Wonne sollte das Ergebnis sein!
Ja, das hat er sich getraut!

Nur abgenagte Knochen haben noch
in der Brühe geschwommen.
Da hat Herschl sein schmutziges Hemd
aus seinem Sacke genommen
und warf es in die Suppe hinein.
Erst jetzt solle, wie die Wirtin meinte,
dass die Wäsche kocht, die Wahrheit sein!

Nach einer Stunde war die Wirtin von ihrem Schläfchen erwacht.
Sie kam in die Küche, sah Herschl und hat gedacht:
Es regnet nicht mehr,
es wird Zeit, dass der Lump sich auf seine Weiterreise macht!

Doch Herschl schlief nach dem guten Essen,
den Schlaf der Gerechten.
Er war nicht wachzurütteln
und das Weiterwandern konnte sie vergessen!

Inzwischen kam der erwartete Gast vorgefahren.
Sein Kutscher und sein Diener bei ihm waren.
Sie hatten sich gleich an den Tisch gesetzt!
Die Männer waren hungrig, sie waren gehetzt!

»Welche Speise kannst du empfehlen?«
»Ein gekochtes Hühnchen tat ich für euch auswählen!«,
antwortete die Wirtin sofort.
»So etwas Zartes aßet ihr sicher noch nie,
an einem anderen Ort!«

Den Topf hat sie vom Herd getragen
und stellte ihn auf den Tisch.
»Einen guten Appetit, diese Suppe ist es wert!«
Das ließen sich die Herren nicht zweimal sagen!

Der Kaufmann nahm den Deckel in die Hand,
stach mit der Gabel in den Topf hinein.
Doch Fleisch sollte nicht an der Gabel sein!
Ein altes Hemd er darin fand!
Aus welchem abgenagte Knochen fielen!
Aus Schreck begann die geizige Wirtin
ganz fürchterlich zu schielen!

Der Ohnmacht war die Geizige nah,
weil sie nicht ahnte, was geschah!
Doch ganz plötzlich fiel ihr ein:
»Das kann der Lump nur,
der dort am Ofen sitzt, gewesen sein!«

Herschel aber tat so, als hätte er nichts gehört
und wandte sich an den Kaufmann ungestört:
»Sagt doch selbst, wohlgeborener Herr, trifft mich eine Schuld.
Nur etwas zu essen habe ich gewollt,
weil mich der Hunger so quälen sollt.

Doch sie sprach, dass kein Essenkrümel sei im ganzen Haus!
Als dann der Dampf trat aus dem Topf heraus
und ich gleich fragte nach dem Schmaus,
da sagte sie, dass nur die Wäsche kocht!
Mein schmutziges Hemd habe ich nur mit hineinzulegen gemocht!«

Der Kaufmann muss wohl gottesfürchtig gewesen sein.
»Die Armen unterstützt man!«, fiel ihm ein.
»Ein Geizhals, wie diese Wirtin, verdient keinen Segen.
Gut, dass du ihr eine Lehre erteiltest!
Nun steht sie allein im Regen!«

Der Kaufmann und Herschl
verließen gemeinsam
das ungastliche Haus.
Der Wirtin war es bestimmt ein Graus!

Als er sein Abendgebet aufgesagt,
war Herschl in bester Stimmung
und dankte dem Schöpfer ungefragt.
Der Kaufmann hatte ihn ein Stück des Weges
in seinem Wagen mitgenommen.
Von ihm hat er auch noch ein paar Taler bekommen.

So dachte Herschl, der Rabbi hatte recht,
als er die Frage, wozu braucht der Mensch das Geld,
folgendermaßen beantwortete, gar nicht schlecht:
»Geld war stets nur dazu da,
dass der Reiche es besessen
und es dem Armen geben kann,
damit er endlich wird, genesen!«

Die Bäume und das Eisen

Als Gott das Eisen schuf und es brachte auf die Welt,
da trauerten die Bäume,
denn sie glaubten, nun wäre es schlecht um sie bestellt.
Auch die Wälder und die Gärten seufzten mit den Bäumen laut.
Warum nur hat der Herrgott sich solches wohl getraut?

»Gott hat einen grausamen Feind über uns geschickt!
Wenn der Mensch den erst erblickt,
wird er aus dem Eisen Äxte schmieden!
Gerne hätten wir das vermieden!

Die Äxte sind nur dazu da, uns Bäume zu fällen wohl,
weil der Mensch als Bauholz uns verwenden soll,
um sich sein Haus zu bauen!
So verlieren wir das Leben und auch unser Vertrauen!«

Das Eisen hörte die Klage
der Bäume an und sprach:
»Gemach, gemach!
Euer Schicksal liegt in eurer Hand.

Solange kein Baum sich mit der Axt verband,
um diese zu stielen,
braucht ihr den Schlag der Axt niemals zu fühlen!

Doch seid ihr uneinig und ein Baum der Axt
sein Holz einst präsentiert
dann seid gewiss, dass euer Tod gar bald passiert!«

Achtes Licht

Chelm, das jüdische Schilda

Wie man in Chelm baute

Als Gott mit der Erschaffung der Menschen fertig war,
erschuf er ihre Seelen gar.
Für die Weisen hatte er andere gemacht,
als die, die den Einfältigen zugedacht.

Die Seelen jeder Kategorie wurden in große Säcke gefüllt.
Danach hat der Herrgott einen Engel bestellt.
Der sollte sie über die Erde verteilen
und sich natürlich damit beeilen!

Der Engel nahm die Säcke und flog durch die Welt.
Über allen Ländern der Erde
schmiss er aus jedem Sack eine Handvoll Seelen hinab,
so wie es der Herrgott hatte, bestellt.
Was wohl eine gute Mischung ergab.

So wurden überall weise und auch
einfältige Menschen geboren.
Denn der Herr hatte sich geschworen,
dass die Mischung stimmen muss,
wenn alle Seelen verteilt sind, dann ganz am Schluss!

Bei einem seiner Flüge ist dem Engel ein Unglück geschehn.
Einen spitzen Stein auf einer Bergeshöh hat er wohl übersehen.
So kam es, dass er sich den Flügel gestoßen,
an dem Stein, den spitzen großen.

Dabei hat sich einer der Säcke an einem Baume verfangen.
An einem Ast hat er gehangen.
Mit einem Rucken, einem Reißen,
wollte der Engel den Sack befrein.
Doch dabei riss er in den Sack
ein großes Loch hinein!

Er konnte es nicht verhindern, nein, er musste zusehn,
dass ganz viele Seelen nun
an einem einzigen Orte herausfielen! So ist es geschehen!
Er konnte nichts dagegen tun!

Das Schlimme war daran,
dass der Engel sich nicht erinnern kann,
aus welchem Sacke die Flut der herausgefallenen Seelen kam!

Waren es die Einfältigen oder die der Weisen?
Erst zu einem späteren Zeitpunkt konnte sich das erweisen!

Doch nach einiger Zeit,
sprach man von ihnen und ihrer Stadt,
die die Bevölkerung gebauet hat!
Und das wohl erdenweit!

Chelm hat die Stadt geheißen
und dass die, die darin wohnten,
Schelme waren, konnte sehr wohl,
welche Seelen dort aus dem Sacke fielen, beweisen!

Einmal hatten die Chelmer beschlossen,
neue, feste Häuser zu bauen.
Denn zu den alten Provisorien
hatten sie wohl kein Vertrauen!

An Holz mangelte es ihnen dafür nicht,
denn den hohen Berg, auf dem der Engel
die Seelen ihrer Vorfahren verloren hat,
bedeckte ein hoher Wald.
So beginnt diese seltsame Geschicht'!

Diesen Vorteil nutzten sie nun bald und das allemal!
Mit Äxten und Sägen sind sie auf den Berg gestiegen.
Nein, das hatten sie nicht vermieden.
Dann schlugen sie die Bäume ihrer Wahl
und trugen sie, im Schweiße ihres Angesichts, hinunter in das Tal.

Die Stämme waren viel zu schwer.
Unter ihrer Last stöhnten die Männer schwer.
Mühevoll bergab zu schleppen,
das fällt nur ein, gar großen Deppen!

Dabei ist ihnen ein Jude aus Litauen über den Weg gelaufen.
Er begann die Haare sich zu raufen!
So viel Dummheit hatte er nie gesehn
und er konnte nicht verstehn,
warum sie die Stämme nicht vom Berg herunterrollen!
Ein Schubs genügt dafür, das hätten sie doch wissen sollen!

Weil sie es nicht wussten, hat er sie darüber informiert.
Die Chelmer liefen zu ihrem Ältesten und baten:
»Lasst uns diesen Vorschlag im Gemeinderat diskutieren,
weil seine Umsetzung uns interessiert!«

Die Antwort lautete: »Solch eine komplizierte Sache
darf man nicht übereilen!«
Sieben Tage und Nächte sie danach in der Diskussion verweilen!

Das Für und Wider wurde abgewogen.
Am achten Tag gab der Ältestenrat
dem Juden aus Litauen recht!
Man konstatierte: »Er hatte nicht gelogen!«

So der Beschluss erging,
dass nun endlich
das Baumstammrollen anfing!
»Man muss sie nur anstoßen,
mit den kräftigen Händen, den großen!«

In der Chelmer Stadtchronik
kann man über diesen Vorgang
noch heute lesen, denn es steht geschrieben:
»Unsere Holzfäller sind einem Juden aus Litauen begegnet.
Es ist festzustellen: Nicht nur die Juden aus Chelm,
auch die litauischen Juden sind mit Klugheit gesegnet!«
Manch einer findet diesen Satz gewiss übertrieben!

Am nächsten Tag sind die Chelmer
fröhlich zum Berge gezogen.
Eine Kapelle spielte Marschmusik, ungelogen!
Die stärksten Männer packten die Stämme an,
die sie mit viel Mühe heruntergeschafft hatten,
schulterten sie und zeigten dann,
wie man sie wieder hinaufschaffen kann.

Auf dem Berge angekommen,
legten sie die Stämme auf den Boden.
Solch eine Sorgfalt ist zu loben!
Einen kleinen Schubs haben sie ihnen nun versetzt.
Sie rollten tatsächlich ins Tal
und keiner der Chelmer ward verletzt!

Als dann genug Bäume waren eingeschlagen,
die alle ins Tal gerollt kamen,
konnte der Bau der Häuser beginnen!
Äxte, Sägen, Hämmer, Hobel nahm man in die Hand.
Natürlich nur die, in der sich nichts anderes befand!

Die Häuser schossen wie Pilze aus der Erde,
damit aus Chelm ein großer Ort nun werde.
Jedes Haus war klug durchdacht,
genau so, wie man alles in Chelm hat gemacht.

Sie wurden nämlich nach Maß gebaut.
Dabei hat man besonders auf die Größe
und Dicke des zukünftigen Besitzers geschaut.
Die Häuser passten den Bürgern am Ende
wie gut geschneiderte Kleider!
So war der Besitzerwechsel ausgeschlossen,
zum Nachteil für alle Neider!

Doch plötzlich durchzuckte die Chelmer ein Schreck.
Sie stellten fest, ihre Synagoge war weg!
Wie konnte das nur geschehen sein?
Es tagte der Ältestenrat
und nachdem man fünf Tage
und fünf Nächte getagt hat, hatten sie erkannt:

Die Synagoge war nicht fortgelaufen
und auch nicht verbrannt.
Sie hatten vergessen, sie zu bauen!
Das kratzte sehr an ihrem Selbstvertrauen!

Neue Bäume wurden geschlagen und gerollt,
weil das für den Bau der Synagoge notwendig sein sollt!
Sie trugen sie auf den großen Platz wo das Gotteshaus hingehört.
Aber irgendetwas hat sie dabei gestört!

Ein unerwartetes Hindernis trat ein:
Die Gassen der Stadt waren zu eng und zu klein!
Ein Durchkommen sollte nicht möglich sein!
Wieder tagte der Ältestenrat.

Sieben Tage Zeit man sich dafür ausbat.
Danach man folgende Entscheidung gefället hat:
»Alle Häuser, die im Wege sind,
werden abgerissen, ganz geschwind!«

Da jubelten die Chelmer laut.
Sie hatten auf des Rates Entscheidung vertraut!
Wie nun diese heikle Frage wurde gelöst,
hat ihnen Respekt vor den Ältesten eingeflößt!

Freudig erregt, ein jeder nun
Hand anlegt, an seinem störenden Haus.
Mit Gesang rissen sie die Bretter ab
und die Balken heraus!

So wurden die Wege breiter gemacht,
das Baumaterial für die Synagoge,
an den rechten Platz gebracht.
Alle Kraft wurde eingesetzt,
bis das Gotteshaus fertig stand,
dann endlich, ganz zuletzt!

Alsdann fing man den Wiederaufbau der abgerissenen Häuser an.
Das erfolgte natürlich wieder nach Maß!
Es ist zu hoffen, dass keiner das eigene vergaß!

Auch ein Bad, Mikwe genannt, wurde errichtet,
nicht etwa nur von mir erdichtet!
Vor allen Feiertagen und vor jedem Sabbat
ein frommer Jude sich gründlich zu reinigen hat!

Der Bau ging ihnen schnell von der Hand,
bevor ein neues Problem auf der Tagesordnung stand:
Die einen meinten: »Die Bänke dürfen nicht gehobelt sein,
sonst gleitet man aus, bricht sich ein Bein!«

Die anderen sagten:
»Wenn die Bretter nicht gehobelt sind,
dann sind sie voller Splitter und Späne!«
Dies ich hier erwähne.

Worauf einigte man sich zum Schluss?
Darauf, dass jedes Brett von einer Seite gehobelt werden muss!
Die andere Seite soll voller Splitter bleiben,
die, wer es mag, sich in die Haut kann treiben.
Je nach Bedarf, wird jedes Brett gewendet!
So ward der Streit endlich dann beendet.

Aber an den Stellen, wo man ausgleiten kann,
da bringe man die Bretter so dann an,
dass die gehobelte Fläche
nach unten eingebaut werden muss,
so gleitet man nicht aus,
doch reißt man sich Splitter in den Fuß.
Jedem Mann ward recht getan
und schon fängt ein neues Problem an.

Irgendwann war im Tale dann
ein jeder Platz verbaut.
Wer ein neues Haus errichten will,
der wohl in die Röhre schaut!

Dieses Problems nahmen sich
die Ältesten an.
Man es von links nach rechts
und von oben nach unten, drehen kann!

Sie erwogen, überlegten, zogen in Betracht
und legten auf die Waagschale,
sieben Tage bis in die siebente Nacht!
Dann haben sie einen Vorschlag gemacht:

»Um Platz zu schaffen,
muss man den Berg von der Stelle rücken!
Ihn verschieben, durch kräftiges Drücken!«
Alle stimmten ein und fragten sich,
»Warum konnten wir nicht längst,
auf diese tolle Lösung gekommen sein?«

Am nächsten Morgen um halb acht,
haben sich alle Einwohner der Stadt,
auf den Weg zum Berge gemacht!
Auf ein Zeichen hin, ja das macht Sinn,
stemmten sich alle gegen den Berg.
Mit ganzer Kraft. Hat man ihn wegzuschieben geschafft?

Zuerst begannen zu schwitzen sie.
Der Schweiß lief vom Kopf über den Po, bis hinab zum Knie!
Ihre Röcke wurden ausgezogen
und sind in hohem Bogen,
in das grüne Gras geflogen!

Alsbald das Bergschieben wieder begann.
Alle strengten sich mächtig an.
Zwei Landstreicher kamen vorbei
und sahen die tollen Kleider liegen.
Ach könnten wir doch einst,
solche schönen Sachen kriegen.

Keiner der Bergschieber hat sich umgeschaut,
so haben die beiden auf ihr Glück vertraut.
Sammelten die schönen Kleider ein
und einer sprach: »Sie sind nun dein und mein!«

In der nächsten Ruhepause
konnten die Chelmer
ihre Kleider nicht sehn.
Das mussten sie auch nicht verstehn.

Nur wo die Sachen lagen,
hatten sie das Gras niedergedrückt.
Die Chelmer dachten,
das seien die Spuren des Berges,
den sie fortgeschoben, weggedrückt!

Einer rief und hat gelacht:
»Seht nur, wie weit wir den Berg haben fortgebracht!
Leicht ist es daran zu erkennen,
dass wir unsere abgelegten Kleider nicht mehr sehen können!«

Ein anderer Chelmer stimmte ein:
»Das wird gewiss der Maßstab
für den Versatz des Berges sein!«

Immer weiter haben sie geschoben!
Dafür sind sie zu loben!
So stellten sie sich vor, was ihnen sehr gefällt,
wie Chelm, die Stadt der Weisen,
immer größer und größer wird,
bis sie so groß ist wie die ganze Welt!

Die Ziege des Lehrers

In Chelm wohnte einst ein Lehrer.
Der war klüger als so mancher Briefbeschwerer!
In heiserem Singsang brachte er den Kindern die vielen Gebete bei.
Hoffentlich waren sie ihnen nicht einerlei!

Auch Rechnen, Schreiben und Lesen
sind wichtige Fächer, im Cheder, der Schule,
an jedem Tag gewesen.
Der Lehrer war wirklich sehr belesen.

In der Schule war er der Meister,
der jeden Takt vorgab.
Im Hause regierte seine Frau alle Geister!
Ihr Mann rein gar nichts zu sagen hat!

Hätte sie ihm vorgegeben,
die Kinder von links nach rechts
hebräisch lesen zu lassen,
anstatt von rechts nach links,
er hätte es getan, könnte er es auch nicht fassen!
Ihre Wünsche wollte er erfüllen,
nur um des lieben Friedens Willen!

Eines Morgens ist seine Frau erwacht,
hat ein jammervolles Gesicht gemacht.
Weh tat ihr der Rücken,
vom Liegen und beim Bücken!

Ihre Kehle war wie zugeschnürt:
»Warum ist mir das nur passiert?«
Auch ihre Füße waren geschwollen dick,
welch ein furchtbares Geschick?

»Sage, wie ich dir helfen kann?«,
fragte sie ihr lieber Mann.
»Geh' und kauf mir eine Ziege,
damit ich deren Milch dann kriege!

Ziegenmilch kann jede Krankheit heilen!
Darum sollst du dich beeilen!
Lässt du dich beim Kauf betrügen,
wirst du mit mir Probleme kriegen!«

Der Lehrer machte sich auf den Weg
zu einem Bauern mit 'nem Ziegenstall:
Der verkauft eine Ziege mir auf jeden Fall
und gut beraten wird er mich bestimmt,
damit alles ein glückliches Ende nimmt!

Gedacht, getan, so ward es gemacht.
Der Bauer hat ihm eine Ziege gebracht.
Er lobte das starke, gesunde Tier!
»Die Milch wird üppig fließen dir!«

Auf den Heimweg hat er sich gemacht
und ganz sacht bei sich gedacht:
Heute werde ich ein Lob bekommen,
wenn sie die heilsame Milch hat eingenommen!

Der Lehrer war auf dem Weg, nach Chelm zurück,
unterwegs fand er ein Gasthaus, welch ein Glück!
Hoch stand die Sonne am Firmament!
Wie davon oft der Durst dann brennt,
ein jeder, der es erfahren, das auch kennt!

Der Lehrer dachte: *Wer weiß, ob ich solch schönen Tag*
einmal wieder noch erlebe,
drum muss ich mir was Gutes gönnen,
Ja, danach ich nun strebe!

Also band er die Ziege an den Zaun, betrat den Gasthof,
tat nach einem bequemen Plätzchen schaun.
Setzte sich, bestellte ein Essen und ein Bier.
Ach, wie schön ist's und wie mundet es mir!

Er ließ sich Zeit, sprach mit dem Wirt manch Wort,
erzählte von Chelm, seinem Heimatort.
Auch von der Frau, die krank so sehr,
berichtete er dem Wirt noch mehr.

Auch dass die Milch die Heilung bringt,
sobald es ihm gelingt,
die Ziege heimzuführen in die Stadt,
in der die Kranke gewartet hat.

Die Ziege interessiert den Wirt gar sehr.
»Sagt, wo habt ihr die denn her?«
»Hab' sie gekauft beim Bauersmann,
und aufgepasst, dass er mich nicht betrügen kann!
Ich verstehe etwas von Ziegen,
konnte keine bessere kriegen!

Wie es scheint, um die zwei Jahre ist sie alt,
dieses als Bedingung galt!
Sie hat ein weißes Fell und einen Bart,
beides finde ich ganz apart.
Immerzu ruft sie mäh, mäh,
dass alles gut ist, ich versteh'!«

»Aber wie sieht ihr Schwanz denn aus?«,
fragt der Wirt den Lehrer aus.
»Nun, etwas länger könnt' er sein!«,
dies fiel gleich dem Lehrer ein.
»Doch diese werden, so hat man mir geschworen,
nur in Regenjahren wohl geboren!«

Der Wirt hörte das Gedöns sich an
und war sich sicher, dass der Ziegenkäufer
nur ein Mensch aus Chelm sein kann!
Ließ den Gast nun weiter schmatzen,
grinste und dachte: *Dem werde ich es gleich verpatzen!*
Er ging hinaus und tauschte die Ziege
gegen einen Ziegenbock aus!

Als er in die Gaststube kam,
er die Bezahlung des Lehrers entgegen nahm.
Freundlich verabschiedeten sich die zwei.
Der Lehrer sagte noch, dass er hoffe,
dass er noch vor dem Sonnenuntergang,
bei seiner kranken Frau, zu Hause sei.

Als er durch sein Hoftor geht,
die Frau im Bette seinen Ruf versteht:
»Die gewünschte Ziege bringe ich dir heim,
sie zu melken wird nun deine Aufgabe sein!«

Sie geht hinaus mit dem Milcheimer in der Hand,
schaut sich die Ziege an und verliert fast den Verstand!

»Dummkopf, womit kommst du gelaufen?
Das ist ein Ziegenbock! Solltest eine Ziege aber kaufen!
Bist dafür wohl viel zu dumm,
lauf zurück und tausch sie um!«

Froh war der Lehrer, das war zu sehn!
Für ihn könnte die Sache viel schlimmer noch ausgehn!
Die ganze Nacht hat er kein Auge zugemacht,
weil er nur daran gedacht,
wie er den Händler am nächsten Tage fertigmacht!

Auf dem Rückweg zum Ziegentausch
kam er an dem Gasthof vorbei, als wäre er im Rausch!
Er kehrte ein, weil er sich gestern wohlgefühlt,
als er den Ziegenkenner hat gespielt!

Erneut kehre ich nun ein, was ist dabei,
und hoffe, dass ich wieder glücklich sei!
Den Ziegenbock hat er am nämlichen
Zaune festgebunden und gedacht:
Ein Stündlein oder zwei wird nun Rast gemacht!

Dem Wirt hat er seine Dummheit vorgetragen.
Dass er sich nun beim Bauern wird beklagen,
um den Bock umzutauschen gegen eine Ziege!
»Dieses ich dann sehr wohl hinkriege!«

Dem Wirte, von seinem Spaß entzückt,
erneut der Tausch der Tiere glückt.
Nimmt den Bock und stellt dafür
die wohlbekannte Ziege hin!
Was wohl passiert?, so denkt er,
darauf ich sehr gespannt jetzt bin!

Was grad geschah, hat der Lehrer nicht begriffen,
hat nur nach dem Strick gegriffen
und marschierte geradewegs zu dem „Betrüger“ hin.
Schlimmes hatte er wohl im Sinn!

»Du hast mich betrogen und belogen!«,
schrie er laut von Weitem schon!
Der Bauer erschrak vor diesem Ton!
»Anstatt der Ziege verkauftest du mir einen Bock!
Meine kranke Frau bekam davon
einen furchtbaren Nervenschock!«

Verständnislos schaute der Bauer den Lehrer an:
»Du wolltest eine Ziege und ich verkaufte dir eine Ziege dann!
Nun kommst du wieder mit derselben an!«
»Gib mir einen Beweis dafür,
dass es eine Ziege ist, die ich führte nun zu dir!«

Vor seinen Augen wurde die Ziege gemolken hier!
Milch floss in Strömen!
Der Lehrer musste sich schämen!
Traurig hieß es Abschied nehmen!

Den vollen Milchkrug hat er mitgenommen.
Den sollte seine Frau bekommen:
Die nächste Milch muss sie selber melken!
Dies tat der dumme Lehrer denken.

Auf dem Rückweg kehrte er wieder
in das schöne Gasthaus ein.
Der Wirt bat freundlich ihn herein.
Der Chelmer konnt' nicht widerstehn
und ließ die Ziege angebunden
an dem Zaune stehn.
Wird er dieses Tier gleich wiedersehn?

Der Tisch war gedeckt,
dem Lehrer hats geschmeckt!
Der Wirt hat derweil erneut die Ziege gegen den Bock getauscht!
Er tat es wirklich wie berauscht
und niemand hatte ihn belauscht!

Der Lehrer hat nicht einmal hingeschaut
und wieder seiner Ziegenkenntnis getraut,
als er den Bock hat abgebunden
und sich am Abend zu Hause eingefunden.

Stolz hat er den vollen Milchkrug überreicht,
sehr überheblich, das fiel ihm leicht!
»Willst du mehr nun trinken,
musst selbst du auf den Hof dann hinken
und das Euter gut massieren!

Wenn die Milch dann fließt,
wirst du es kapieren!
Das ist der Beweis,
was ein jeder Chelmer weiß!«

Auf den Hof ist sie gegangen,
wollte nach den Zitzen langen,
hat an des Ziegenbockes Beutel nur gefasst
und ihren Mann noch mehr gehasst!
Geschrien hat sie und ihn malträtiert:
»Wieder wurdest du als Dummkopf vorgeführt!«

Bei Tagesanbruch ging der Lehrer wieder los,
um eine Milchziege zu holen, bloß.
Im Gasthaus hat der Wirt, dem der Schalk im Nacken saß
und sich erfreute an dem Spaß,
erneut durch den Tausch Bock gegen Ziege,
den armen Mann bestohlen!

Des Zornes voll,
was es besser wohl nicht geben soll,
ging der Lehrer auf den Bauern los,
versetzte ihm beinahe einen Stoß!

»Bist du mit dieser Ziege nicht zufrieden?
Ich melke sie, dann sei Gewissheit dir beschieden!«
»So hast du es beim letzten Male auch gemacht
und ich habe statt der Ziege, einen Bock nach Haus gebracht!

Heute muss der Rabbi hier erscheinen
und bestätigen, dass die Ziege eine Ziege ist,
und gar kein Bock!
So vermeide ich den nächsten Schock!
Dass der die Wahrheit spricht,
dass will ich meinen!«

Der Rabbi fand die Bitte komisch,
doch er hats getan.
Ein Schriftstück sogar,
hat er darüber aufgesetzt,
zum Beweis, dann ganz zuletzt.

Der Lehrer drückte den Brief glücklich an seine Brust.
Denn nun hat er ganz genau gewusst:
Eine Ziege habe ich gekauft,
und nie mehr die Haare sich gerauft!

Am Gasthaus, auf dem Rückweg,
fragte er sich: *Soll ich nicht doch einkehren?*
Gegen das gute Essen und dem schönen
Trank konnte er sich nicht erwehren!

Hat wieder die Ziege an den Zaun gebunden
und einen Ziegenbock nach Haus gebracht!
Ob er seiner Frau nun vielleicht
eine Freude damit macht?

Die Frau des Lehrers war indes
auch ohne Ziegenmilch genesen.
Als er mit dem Bock kam an,
sie sofort zu schreien begann!
Er holte nun sein Brieflein raus und sprach:

»Der Rabbi kennt sich bestens aus!
Er bestätigt schriftlich, dass die Ziege
eine Ziege ist und kein Ziegenbock!«
Dann hat sie das Brieflein selbst gelesen!

Sehr erstaunt ist sie gewesen,
und man hörte sie sagen:
»Doch wenn das Tierlein an manchen Tagen,
nicht sein will, was es ist, dann werde ich es verklagen!«

Am nächsten Tage dann,
trug er sein Problem den Richtern an.
Der Lehrer beklagte, dass das Tier
nicht sein wollte, was es sein sollte!

Die Ältesten der Stadt Chelm
berieten sieben Tage und sieben Nächte
und was dabei heraus kam,
war nicht das Gute und auch nicht das Schlechte.

Der Richterspruch lautete:
»Der Lehrer muss im Recht wohl sein,
weil er eine Ziege kaufte
und keinen Bock, wie fein!

Aber auch den Bock trifft keine Schuld!
Es scheint nämlich, dass jede Ziege,
die nach Chelm kommt,
sich in einen Bock verwandelt!«
Nun endlich begriff der Lehrer,
worum es sich eigentlich handelt!

Wie man in Chelm Geschäfte macht

Der Fuhrmann Simcha wohnte
unweit von Chelm in einem Dorfe, auf dem Land.
Er besaß drei Pferde und einen Leiterwagen.
Das reichte dafür, was er tun wollte,
dies bleibt mir nur zu sagen.

Simcha hat das Heu von den Wiesen gefahren,
Äpfel auf dem Markt gebracht, in allen Jahren.
Die Brautleute zur Hochzeit chauffiert
und die Toten zum Friedhof, wenn ein Unglück war passiert.
Bezahlt wurde er dafür nicht schlecht!
So ging es seiner Familie gut, das war ihm recht!

Einstmals aber brach sich ein Pferd das Bein,
das zweite erkrankte hoffnungslos hinterdrein!
So musste er zweimal den Sochet, den jüdischen Metzger, holen!
Der kam auch prompt, auf schnellen Sohlen.

Nur ein einziges Pferd war ihm geblieben.
Doch einspannen konnte er es nicht,
denn es war alt und schwach. Das ist nicht übertrieben.

Da jammerte Hendl, des Fuhrmanns Frau:
»Mein Gott, wovon werden wir leben?
Unsere kleinen Ersparnisse sind bald schon ausgegeben!
Sollen wir dann betteln gehen?«
Sie konnte das Unglück nicht verstehn!

Doch ihr Mann lachte laut.
Trotz des Unglücks hatte er sich das getraut!
»Keine Angst, Hendl! Mach dir diese Sorgen nicht!«
Dies er voller Hoffnung zu ihr spricht.

»Nach Chelm werde ich nun öfter gehn,
um Geschäfte mit den klugen Juden zu machen!
Ich hoffe, dies wirst du verstehn
und am Ende werden wir beide lachen!«

Simcha hat die Chelmer gekannt,
darum er sie auch zu nehmen verstand:
Durch Striegeln brachte er das Fell
des alten Gauls zum Glänzen.
Er führte ihn nach Chelm, auf den Marktplatz hin.
Nun erzähle ich euch, wonach ihm stand der Sinn:

Sein Pferd band er an einem Pfahle an.
Ein paar Silbermünzen streute er unter das Tier sodann.
Als er dann die Chelmer zum Morgengebet gehen sah,
ratet mal, was dann geschah?

Freudig lachend sammelte er die Münzen ein.
Dieses Spiel spielte er, für die neugierigen Chelmer ganz allein.
Natürlich hatten diese erkannt,
was er aufsammelte und danach hielt in seiner offenen Hand!

Wie er erwartet hatte, blieben die Chelmer neugierig stehn,
denn das, was sich ereignete, hatten sie noch nie gesehn!

»Was machst du da?«, rief einer von den Gaffenden allen.
»Ist dir das Geld aus deinem Beutel gefallen?«

»Keineswegs«, erwiderte Simcha.
»Mein Pferd, das ihr seht, hier steht es ja,
hat mir diese Münzen geschenkt!«
Wie ist das möglich?, ein jeder Chelmer denkt.

»Wenn es niest, dann fallen aus ihm heraus,
gleich auf die Schnelle,
genau wo es steht, auf dieser Stelle,
Silbermünzen glatt und rund!
Ja, dies ist mein Befund!

Wo genau sie herausfallen,
das könnt ihr euch sicher denken.
Ich möchte nicht so gerne eure Blicke
auf diese unkeusche Stelle lenken!«

Da machten die Chelmer große Augen.
Was sie eben vernommen, war kaum zu glauben.
Ihre Stadtkasse war klamm,
vielleicht sogar leer,
da kommt ein Mann
mit seinem Pferd daher,
das beim Niesen Geld verliert!

Warum das so ist, wohl manchen interessiert!
Das könnte ihnen wohl von Nutzen sein.
Ihm sein Pferdchen abzuluchsen,
wäre vielleicht gar nicht gemein!

So fingen sie zu feilschen an.
Simcha anfangs davon Abstand nahm.
Doch als der Preis bei hundert Talern angekommen,
hat er das lukrative Angebot
der Ratsherren natürlich angenommen!

Das Geld ward ihm in die Hand gezählt,
dabei tat er so, als wenn er sich gar sehr nun quält.
Doch das war lauter Schauspielerei!
Er verschwand, bevor auffiel, diese Narretei!
Zufrieden eilte er nach Haus,
wie gesagt, er kannte sich mit Chelmern aus!

Als die Chelmer am nächsten Morgen in die Synagoge kamen,
sie dem Wunderpferde Futter zu seiner Stärkung gaben.

Den ganzen Hafer hat es aufgefressen,
zwei Eimer Wasser auszusaufen nicht vergessen!
Er wieherte und war zufrieden.
Dass es dann nieste, ward beschieden!
Der Gaul nieste immer wieder gern,
doch der erhoffte Geldsegen blieb sehr fern!

Gerade wohl in diesem Moment
stopfte sich Simcha den Wanst voll,
ungehemmt und vehement!
Von dem vielen Geld, das er für das Pferd bekam,
ein mehr als üppiges Essen er,
gemeinsam mit seiner Familie einnahm!

Durch das Fenster sah er auf die Straße hinaus
und was er erblickte, war ihm ein Graus!
Aus Chelm kam ein Wagen gefahren,
auf dem der Rabbi und der Vorsteher platzieret waren.
Nun wusste er, was die Glocke hat geschlagen!

»Gib Acht«, sagte Simcha zu seiner Frau
und beachte meine Anweisungen ganz genau!
Denn was ich vorhabe, ist richtig schlau!
In jedem Falle mir vertrau!

Mit einer von unseren beiden schwarzen Katzen
gehe ich nun in den Wald.
Die hohen Herren aus Chelm
klopfen an unsere Türe bald.

Sie werden nach mir fragen.
Dass ich in den Wald ging,
musst du ihnen sagen.
Dann befiehl der zweiten schwarze Katze,
dass sie mich rufen soll!

Sage es laut, damit die edlen Herren
es auch gewiss verstehen,
gelingt dir das, so wär es toll!
Danach lass die Katze laufen.
Ich versuche dann erneut,
die Herren für dumm zu verkaufen!

Schon klopften der Rabbi und der Gabbai,
der Gemeindevorsteher aus Chelm,
an Simchas Türe an.
Seine Frau öffnete und sah
die bösen Gesichter dann.

Sie fragten nun: »Wo ist dein Mann?
Er hat uns belogen und betrogen!«
»Wie kommt ihr nur darauf?
Dies wohl gar nicht stimmen kann!«
Gab die Frau zur Antwort dann!

»Mein Mann ist in den Wald gegangen.
Holz zu schlagen, wollte er anfangen.
Wenn ihr mit ihm reden wollt,
so schicke ich ihm die Katze,
damit sie ihn holen sollt!
Katze lauf und hol den Herrn!
Ich weiß, das tust du sicher gern!«

Und schon lief die Katze fort,
keiner weiß, an welchen Ort!
Die Frau hatte die Katze in den Schwanz gekniffen,
oder vielleicht auch in ihr Knie.
Darum lief sie so schnell, wie noch nie!

Lange Zeit hat es nicht gedauert,
in der die zwei Chelmer auf Simcha gelauert.
Mit seiner Katze, die er mitgenommen,
ist er, sie auf dem Arm haltend, zurückgekommen.

Da vergaßen die hohen Herren ihren Zorn.
Was sie erlebten, beeindruckte sie enorm!
Was geschah, konnten sie nicht fassen!
Ihre Augen mochten sie nicht von der schwarzen Katze lassen!
Botengänge könnt man ihr auftragen!
Was sollte man dazu noch sagen?

Sie bedauerten, dass man in Chelm kein solches Tier besitzt,
das mit seinem Können der so trägen Verwaltung nützt!
Billiger und schneller als jeder Bote
würde gewiss die Katze sein!
Ja, genau das fiel ihnen ein!

»Fuhrmann«, haben sie gesagt,
»die Sache mit dem Pferde, wird nicht weiter nachgefragt!
Auch wollen wir dir nichts nachtragen!
Doch ob du uns diese Katze überlässt,
möchten wir dich gerne fragen!«

»Kommt nicht infrage!«, wehrte Simcha die Bitte ab.
»Wenn ihr davon Ahnung hättet,
wie lange es dauert,
bis man solch eine Katze endlich hat abgerichtet,
dann hättet ihr gewiss auf diese Bitte wohl verzichtet!«

Doch locker ließen die beiden Chelmer trotzdem nicht.
Die Begierde, diese Katze zu besitzen,
stand geschrieben in jedem Gesicht!

Endlich boten sie ihm zweihundert Taler dafür an.
Bei dieser Summe, die geschickt ausgehandelt war,
konnte Simcha nicht mehr widerstehen dann!

So haben die beiden die Katze glücklich nach Chelm getragen!
Kaum angekommen, erteilten sie ihr den Befehl,
den Ältestenrat zusammenzurufen,
aber ganz plötzlich und auch schnell!

Die beiden wollten sich mit den Ältesten beraten,
was die Katze zu fressen bekommen soll?
Gewiss war das kein Gänsebraten!
Auch wann ihre Fütterung erfolgen muss,
am Morgen, oder am Abend?
Dafür benötigten sie einen Ratsbeschluss!

Viele Stunden saßen sie herum.
Kein Ratsmitglied erschien!
Das war ihnen dann zu dumm!
Auch die Katze kehrte nicht zurück!
Gewiss suchte sie an einem
anderen Ort ihr Glück!

Am nächsten Morgen die Suche
nach der Katze begann.
Sie fanden sie schließlich bei Simcha dann.
Schnurrend lag sie in der Sonne.
Wieder zu Hause zu sein,
war ihr eine Wonne!

Da sind die klugen Juden von Chelm
richtig böse geworden!
Sie forderten von Simcha das Geld,
das sie für Pferd und Katze bezahlten,
auf der Stelle zurück!
Sicher wollten sie ihn nicht morden,
doch sie drohten ihm mit bösem Geschick!

Fünf starke Männer sandten sie aus,
um Simcha abzuholen, aus seinem Haus!
Vor den Ältestenrat wollten sie ihn zitieren
und sie dachten, ohne den Einsatz von Gewalt,
würde das niemals passieren!

Simcha saß wie üblich in seinem Haus
und ließ es sich wohlergehn,
mit Trank und gutem Schmaus!
Sicher wisst ihr noch, er konnte beim Essen
durch das Fenster schauen.
Daraus leitet sich ab, sein gar so großes Selbstvertrauen!

Als er die Kutsche aus Chelm
mit den fünf starken Männern gesehn,
wusste er sofort Bescheid,
wie diese Geschichte sollte weitergehn!

Er sagte zu seiner lieben Frau:
»Hendl, leg dich auf die Erde und stelle dich tot!
Fürchte dich nicht, ich bringe dich nicht in Not!

Ich werde klagen und weinen,
damit die Männer glauben und meinen,
dass du wirklich gestorben bist!
Dann wende ich an, eine ganz besondere List!

Drei Mal werde ich mit einem Ei
an deine Stirne klopfen,
da ist wirklich nichts dabei!
Ich sage dann, dass ich dich damit erwecke,
nur allein zu diesem Zwecke,
dass du wieder wirst lebendig sein
und aufstehen kannst, so ganz allein!«

Kaum hatte sich die gute Hendl
auf den Boden gelegt,
traten die starken Männer ein.
Man sah ihnen an, dass sie sehr erregt.

Da erkannten sie, dass des Fuhrmanns Weib,
lag auf den Boden, mit totem Leib!
Ihr Mann weinte und schrie,
genauso, wie er es ihr hatte erklärt:

»Ach, meine teure Hendl ist gestorben,
schon vor dem Sonnenaufgang, am frühen Morgen!
Ja, sie ist tot! Herrgott, warum ließest du das zu?«,
so hat er sich ganz laut beschwert!
Sie hörten es und glaubten es im Nu!

»Dich zu erwecken, ist meine Pflicht,
denn ohne dich leben, kann ich nicht!
Meine Großmutter gab mir einst dieses Ei.
Jetzt wende ich es erstmals an, ich bin so frei!«

In seine Hand nahm er das Ei
und klopfte damit an Hendles Stirn,
dabei zählte er bis drei!
Als er die Zahl Drei genannt,
sagte er folgenden Spruch, den er gekannt:
»Stehe nun auf, aus deiner Not,
denn du bist nun nicht mehr tot!«

Die gute Hendl tat's mit Eleganz,
als wären die Zeiten des Messias,
der die Toten erweckt, schon gekommen.
Irgendwie waren alle Anwesenden erschreckt,
aber mit Ehrfurcht haben die fünf Chelmer
dieses Ereignis wahrgenommen!

Sie vergaßen Katze und Pferd!
Irgendwie war es das wert.
Auch das Geld, das sie zurückholen gesollt,
haben sie nicht mehr eintreiben gewollt!
Sie dachten nur noch an das wundertätige Hühnerei,
mit dem die Auferstehung geglücket sei!

248

»Simcha, lieber Simcha!«, baten sie,
»verkauf uns doch diese Wundermedizin.
Wir tragen sie nach Chelm zur Synagoge hin!
Wie du wollen wir mit dem Ei dort große Wunder tun
und dabei nicht einmal ausruhn!
Dreihundert Taler bieten wir,
für das Wunderei nun dir!«

»Oh, nein! Was habt ihr euch dabei gedacht?
Meine Großmutter hatte mir als dem Nächsten,
in der Generationenfolge, dieses Ei übergeben
und mir seine Anwendung beigebracht!

Kein Arzt wohnt hier weit und breit,
der uns helfen könnte,
darum bin ich zum Verkaufe nicht bereit!
Heute nicht, und auch nicht, zu keiner Zeit!«

»Vierhundert sollst du haben,
sonst müssen wir des Rabbis totkranke Frau,
gewiss alsbald begraben!«

Simcha ließ sich noch eine Weile bitten.
Als sie fünfhundert Taler auf den Tisch gelegt,
hörte er auf zu handeln
und hat nicht mehr mit ihnen gestritten!

Die Chelmer tanzten vor Freude!
Dachten sie doch, sie könnten
dem Todesengel die Stirn bieten,
und das sofort, ab heute!

Am meisten aber freuten sich
der Rabbi und seine kranke Frau!
Doch am nächsten Tag war sie noch
kränker als vorher!

Der Rabbi sprach:
»Den teuren Arzt hole ich nun nicht mehr!«
Sollte das Ärgste eintreten,
haben wir ja noch das Ei, das dachte er!

Doch wie wir ahnen, hat die Kunst des Eis versagt!
Die Frau war tot, als es getagt.
Als sie ward begraben dann,
schworen die Chelmer Simcha Rache an!

Des Nachts schlichen sie sich zu seinem Haus.
Ergriffen den Unhold und trugen ihn hinaus.
Sie steckten ihn in einen Sack hinein.
Banden selbigen zu, so konnte
seine Flucht nicht möglich sein!

Dann wurde sein Urteil gesprochen:
»Hast mit Pferd und Katz
und Ei betrogen!
Fürchterlich uns angelogen!
Gnade werden wir dir nicht schenken!
Wollen dich im nahen Fluss ertränken!
Das Urteil wird sofort vollstreckt,
nicht erst in ein paar Wochen!«

Es war genau zur Winterzeit,
als die Chelmer dazu waren bereit,
den klugen Simcha hinzurichten.
Keiner wollt' darauf verzichten!
Sie trugen ihn im Sack zum Fluss,
wo er dann endlich sterben muss!

Doch der Fluss war zugefroren.
Die Chelmer mussten Äxte holen,
um ein Loch ins Eis zu schlagen.
Simcha im Sacke wollten sie dorthin tragen.
Um ihn zu stoßen, in des Flusses Nass,
dass er die schöne Welt vergaß!

Der Sack, in dem Simcha saß,
stand auf dem Eis.
Es war, als wenn man ihn vergaß!
Alle waren fortgegangen,
wie nun jeder von euch weiß.
Nur eine Wache war zurückgeblieben.
Auf den Sack und Simcha, aufzupassen,
war ihr vorgeschrieben!

Als Simcha hatte dann begriffen,
dass nur eine Wache war, noch da,
da hat er in den Ablauf eingegriffen.
»Hilfe!«, schrie er, »ich will nicht!«,
dies rief er aus dem Sacke laut.
»Was willst du nicht?«
Das hat der Wachposten sich zu fragen getraut!

Simcha antwortete:
»Der reichste Mann in Chelm
will ich nicht sein!
Der Gabbai will mich zwingen,
von jedem Bürger Geld zu nehmen,
das sie mir alle bringen.

Doch ich will es nicht haben!
Das möchte ich beklagen!
Nur darum hat er mich in den Sack gesteckt,
als ich ihm meine Ablehnung hab' entdeckt!
Vielleicht wirft er mich gar in den Fluss,
weil er die Schande sonst ertragen muss!«

Der Wächter war von dem Gehörten hoch erfreut.
Er sprach: »Mir scheint, das ist mein Glückstag heut!«
Den Sack hat er gleich aufgebunden
und darin den Mann gefunden,
der den Geldsegen tat bekunden,
den der Wächter gern bekommen will!

Der Wächter sagte darauf leise, ganz still:
»Gerne tausche ich mit dir,
und nehme das Geld dankend an,
das berichte ich dem Gabbai dann!«

Simcha kletterte aus dem Sack heraus.
Dafür stieg der Wächter hinein.
Bald sollte der Sack von Simcha
zugebunden sein.

»Sag', wenn sie dich fragen,
du hast es dir überlegt und willst das Geld gerne haben!
Doch dann schweige still,
egal, was man dich fragen will!«

Simcha rannte so schnell ihn seine Füße trugen heim.
Froh war er, entkommen zu sein!
Nahm Frau und Kinder und fuhr weg,
in ein fernes Dorf, an einem unbekannten Fleck!

Dort ließ er sich nieder
und hoffte, er sähe keinen Chelmer jemals wieder!
Von dem Geld, das er von den dummen
Chelmern hat erstunken und erlogen,
weil er sie so oft betrogen,
baute er sich ein neues Haus,
kaufte sich zwei junge Pferde
und einen neuen Leiterwagen.
Er wollte wieder Fuhrmann sein
und weiter nichts!
Das möchte ich euch am Ende sagen.

Nach vielen Jahren ist es jedoch geschehen,
Simcha musste wieder einmal nach Chelm dann gehen.
Niemand würde ihn wiedererkennen,
das hat er tatsächlich gedacht
und damit einen großen Fehler gemacht!

Den Chelmern wurde stets nachgesagt,
dass ein jeder von ihnen
ein richtig gutes Gedächtnis hat.
Das ist Simcha schlecht bekommen!
Kaum war er in der Stadt,
wurde er schon am Kragen genommen!

Man schleppte ihn vor den Ältestenrat.
»Wie konntest du aus dem Sack entkommen,
das hat man ihn gefragt.
Wir haben dich doch im Flusse ertränkt!
Besser wäre es vielleicht gewesen,
wir hätten dich am Galgen erhängt!«

»Das stimmt schon«, sagte Simcha,
»aber ich weiß nicht, was dann geschah.
Als ich dann im Sacke
auf den Grund des Flusses sank,
waren schon viele Engel da!

Sie ließen mich aus dem Sack heraus
und führten mich in ein Schloss!
Nein, es war kein einfaches Haus,
denn es war riesengroß!

Der Fußboden war mit Gold und Silber bestreut,
ihr ahnt nicht, wie mich das gefreut!
Doch viel besser sollte es noch kommen.
All die Taler wurden aufgenommen
und in meinen Sack getan.
Ich dachte, so fängt ein Wunder an!
Honigkuchen taten die Engel noch hinein
und aus dem Paradies den köstlichsten Wein!

Dann halfen sie mir, an Land zu kommen.
Den prallen Sack hatten sie mitgenommen.
Den ganzen Schatz hab' ich bekommen.
Doch das Beste, was geschah,
sie trugen mich durch die Lüfte,
an einen Ort, wo ich noch niemals war!

Ja, ich wohne noch heute da!
Seitdem bin ich ein reicher Mann.
Erkennt nun, wie aus einer bösen Tat,
welche ihr an mir begangen habt,
ein großes Wunder werden kann!«

Kaum dass die Chelmer dies vernommen,
ist der Ältestenrat zusammengekommen.
Man beriet, welchen vornehmen Bürgern Chelms
es sollte vergönnt sein,
dass man sie im Sacke wirft
in den Fluss hinein.

Es gab nur zwei Beschlüsse,
dass sowohl der Rabbi als auch der Vorsteher
diesen Vorzug erhalten müsse!

Man band sie in Säcke ein
und schmiss sie in den Fluss hinein!
Alle Chelmer sollten anwesend sein.
Großer Jubel erklang
und man wartete stundenlang!

Seit jener Zeit und wohl noch bis heut',
warten noch immer alle Chelmer darauf,
dass der Rabbi und der Gabbai
endlich mit den Säcken, goldgefüllt,
dem Honigkuchen und dem Wein,
der ihren Hunger und Durst auch stillt,
tauchen aus dem Flusse auf.
Wenn das geschieht, sich jeder freut!

Langeweile soll dabei nicht aufkommen,
darum haben sie sich vorgenommen,
dass jeder eine Geschichte erzählen muss,
von der Vorfahren Weisheit,
die sie besaßen alle Zeit!

Und von dem Ruhme ihrer Stadt,
vom dem jedermann in aller Welt, immerzu berichtet hat!
Dies alles so lange sie auch warten, bis zum Schluss!

Neuntes Licht

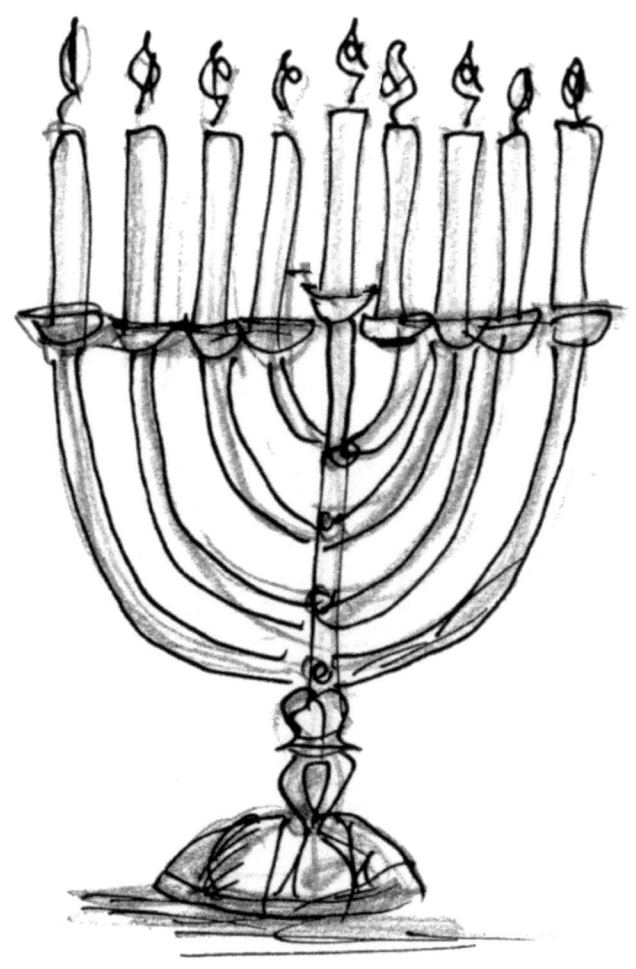

Der Schammes das Bedienungslicht

Der Schammes wird das Licht genannt,
das den Funken bringt meistens durch Kinderhand.
Mit diesem werden alle acht Lichter der Menora angebrannt.

Vom Ende der Welt

An einem Ende der Welt steht ein Berg aus Glas.
Kein menschliches Auge kann ihn sehen.
Niemand ihn je verstehen.
Darum ihn auch keiner je vergaß!

Ganz oben, an der höchsten Spitze dort,
entspringt an verborgenem Ort,
eine sprudelnde Quelle,
ganz genau an dieser Stelle!

Das Herz der Welt ist am anderen Ende angebracht.
Es schaut auf die Quelle Tag und Nacht.
Könnte das Herz die Quelle nicht mehr sehn,
es würde sterben vor Trauer, mit ihm würde die Welt untergehn!

Das Herz und die Quelle
sind durch einen geheimnisvollen Zauber verbunden.
Das Herz kann ohne die Quelle nicht leben.
Die Quelle versiegt ohne das Herz
in nur wenigen Stunden.

Das Herz schenkt der Quelle
an jedem Morgen einen neuen Tag.
Die Quelle vor Freude darum singen mag
und das Herz stimmt in den Gesang mit ein,
so singt die Quelle nie allein!

Die Lieder der Quelle und des Herzens
sind aus Lichtfäden gesponnen.
Ohne Melodie, ohne Töne und ohne Text haben sie je begonnen!
Über die sieben Himmel und über die Erde werden sie gespannt.
Sie leuchten hell in jedem Land.

Tagtäglich webt der Dienstengel Gottes
aus diesem Netz den nächsten Tag.
Das fertige Netz er dem Herzen der Welt,
als Geschenk für die Quelle, überreichen mag.

Der Engel aber, der himmlische Weber,
muss stets neu erschaffen werden, für den nächsten Tag.
So es der Herrgott bestimmt und mag!

Aus den guten Taten der Menschen
werden sein Haupt, sein Körper,
seine Flügel, Hände und Füße gemacht!
Aus schlechten Taten wird das niemals zu Ende gebracht!

Wenn die Menschen in Eintracht, Frieden und Gottesfurcht leben,
wird es für jeden Tag einen neuen Engel geben!

Durch Zwietracht, Mord und Betrug ist darauf nicht zu hoffen!
Für keinen Engel ist dann, der nächste Tag wohl offen!

Ohne den himmlischen Weber gäbe es keinen neuen Tag.
Das Herz der Welt hätte nichts zu verschenken,
es würde zu schlagen aufhören, dies ist zu bedenken!

Menschen und Tiere verlören ihr Leben.
Blumen und Bäume verdorren.
Städte und Dörfer wird es nicht mehr geben!
Täler und Berge und Meere verschwinden!
Nie würden wir sie wiederfinden!

Die Autoren

Der Autor **Theodor Nebl** hat in seiner beruflichen Tätigkeit eine Reihe wissenschaftlicher Lehrbücher verfasst. Zur Freude seiner Kinder, Enkel und aller an Märchen interessierten Leser wechselte er vor einiger Zeit das Genre. Nun widmet er sich den Märchen aus aller Welt. Er erzählt die Märchen neu und setzt sie in Reime. So entstand frei nach den Gebrüdern Grimm unter anderem die zehnbändige Reihe »Gereimte Märchen« und zuletzt der Titel »Freya und das Halsband der Brisinger«.
YouTube-Kanal: Opi Theos gereimte Märchen
https://www.youtube.com/channel/UCddcAPEajaTxFLG-dOKUn1g

Uta Ehlers illustriert seit Jahren als freischaffende Künstlerin die Kinderbücher des Autors. Jedes Ihrer Bilder ist ein Original, das in Handarbeit entsteht. So entwickelte sich eine enge Zusammenarbeit.
,

Beide leben und arbeiten in Bad Doberan.

Bisher erschienen sind

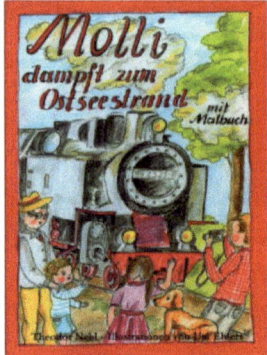  

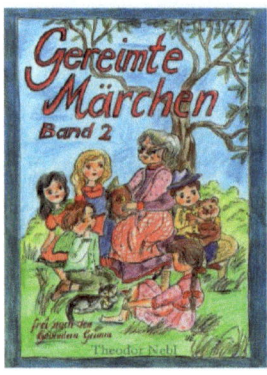 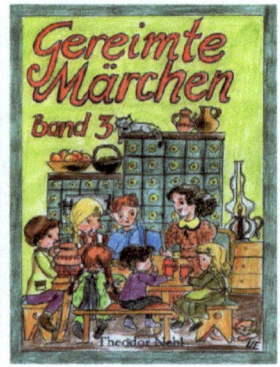 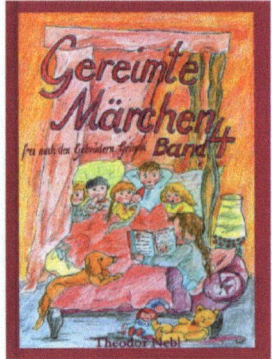

ISBN 978-3867854405

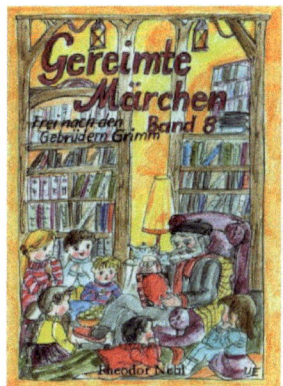

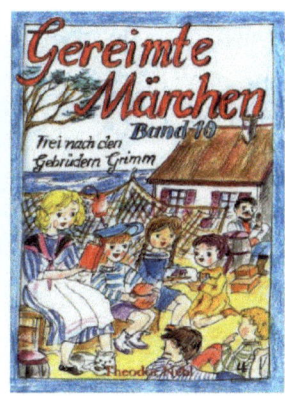

ISBN 978-3867854696

ISBN 978-3748147114

ISBN 978-3751990073

ISBN 978-3750437760

ISBN 978-3753459240

ISBN 978-3754322307

ISBN 978-3755713630

ISBN 9783755738916

ISBN 9783756201426

ISBN 9783755733812

ISBN 978-375784499 8

ISBN 9783759776242

ISBN 978 3758 36515 7

ISBN 9783759776884

ISBN 9783769303988

266

ISBN 9783769351668

ISBN 9783769303988

ISBN 9783769354812

ISBN 9783819247811